促进教育体系质量提升的

投资与有效方案

池瑾 [美]魏爱德（Eduardo Velez Bustillo） 著

北京师范大学出版集团
BEIJING NORMAL UNIVERSITY PUBLISHING GROUP
北京师范大学出版社

序 言

教育能够更新生命，阻断贫困的恶性循环，推动社会可持续发展。只有通过有效方式和创新途径，以教育赋权处境不利群体，才能够实现全民的优质教育，让女性和男性的天资和潜能都得到充分发挥。

与世界许多地方一样，中国当代的年轻人正处于社会转型、技术变革的历史时期，劳动力市场的竞争尤为激烈。优质的教育是年青一代做好准备，迎接挑战的重要途径。投资教育促进人的发展，是明智的选择。这不仅具有可观的投资回报，也是确立社会的主流价值、形成积极的人生态度、建立良好的生产行为的途径。采取有效的办法提升教育的质量十分重要。经济学角度的研究证明，教育对个人乃至整个社会经济都有益处，对低收入家庭的教育投资能够产生几倍的收益。另外，国际社会在关于教育推进和平稳定、减少不平等、促进可持续发展的关键作用方面也已经形成共识。

作为联合国教科文组织的二类中心，国际农村教育研究与培训中心多年来致力于推动农村人口的思想和行为的积极改变，促进农村地区社会和经济的发展。依据联合国教科文组织的战略目标和教育重点，国际农村教育研究与培训中心开展了通过技能促进农村转型，推动农村妇女和女童的教育与发展，提高农村教师质量，以及通过教育信息通信技术促进农村发展等项目。该中心通过研究和倡导、教育和培训、知识管理和信息传播，与合作伙伴一道，共同推进发展中国家的教育，并将中国教育与发展的经验分享给世界。

本书围绕如何促进教育体系质量的提升，尤其是通过具体成果衡量质量的改善这一主题，对我国教育的一些关键议题进行了探讨。

教育规划者在设计县级、省级和国家层面的教育发展项目时，家庭在决定家庭成员接受什么样的教育时，个人在预备未来如何实现自身目标时，都可能会考虑这些议题，也都将关注这些问题的解决方案。

前 言

提升教育质量，促进人们学习与发展，是每一个教育体系的主要目标，也是国家在可持续发展框架下完成转型的必要条件。笔者基于几十年来在教育领域的研究和在世界几个大洲开展实践工作的经验，在本书中呈现了世界上不同国家、省份和县市在确立教育部门的政策时需要考虑的关键问题。希望世界各地的政策制定者更多地去关注并且致力于提高教育投资的成效，也希望本书的内容能够为此提供借鉴。

成本效益分析对于政府在决策上确定对哪一个部门，或者对部门的哪一个层级提供财政支持至关重要，在教育投资这个极大依赖政府支持的领域尤其如此。然而，这一分析工具在多数情况下未能用于决策，不良投资时有发生。许多国家在学校基础设施方面大力投资，实证依据也表明了其投资的合理性，但并非所有对基础设施的投资都能够产生同样良好的效果。基础设施的设计方案、位置分布和质量等多种因素及其相互之间的影响非常重要。因此，必须综合考量，以收获最大效益。另外，投资早期儿童保育与教育，对大多数国家来说是必然之选。这是因为，早期教育决定财政资源在人们受教育年限内使用的效率。同时，女童的教育与发展可能是政府能够开展的最好的投资，也是最佳的健康投资，具有明显的溢出效应。

贫困农村地区的教育问题是发展中国家乃至发达国家依然面临的严峻挑战，也是实现 2030 年联合国可持续发展目标的短板。为此，本书探讨了优化教育体系，提高教育的公平与质量，提升贫困农村地区学生学习效果的有效方案。针对低收入地区的现实问题，笔者特别选取了在世界范围内产生影响力的优秀的实践做法，通过案例，呈现了改善农村贫困学校的教学与学习的方法，同时介绍了以学生为主体的复式教学这一有效的改进方式。教会学生在适龄阶段具备阅读能力是初等教育阶段的重要目标，然而贫困学生的学校教育普遍存在阅读危机。从认知神经科学的角度分析，该危机产生的部分原因是忽视了感知学习和练习。因此，用科学的方法让适龄的学生学会阅读，可能是提升教育整体质量的最重要的教育投资。此外，鉴于教育质量与教师息息相关，如何优化教育体系制度设计，如何获得更多优秀教师，也是需要探讨的问题。

基于这些思考，笔者着力从现有问题出发，收集实证研究依据，在本书中呈现了世界上不同国家和地区卓有成效的干预方案。

池瑾

记于北京

目 录

第一章　为什么投资教育：经济学视角

一、经济学视角下的教育

不言而喻，教育是有价值的。否则该如何解释全世界每年数万亿美元的教育开销呢？不论国家还是个人，都期待从承担的教育费用中获取收益。对于国家有限的教育经费来说，如何用于关键的领域获得更好的效果是至关重要的。如果收益大于成本，教育的回报这一问题就毋庸置疑了。从这一角度来看，大体而言，教育的价值可以通过考察投入或者考察结果的方法进行衡量。考察投入的方法主要从国家、家庭和学生投入的资源方面进行评估，量化投入的数值，计算和分析教育的价值。相比之下，考察结果的方法主要评估由教育所产生的效果。例如，受教育程度高的群体可能比受教育程度低的群体享有更好的生活条件等。研究者通过比较教育的投入方式和产生的效果，能够确定资源利用的有效性；对于纳入教育财政的国家层面的干预措施，需要回应教育资源分配的公平问题。因此，从经济学视角来分析教育的价值尤为重要。

在这个领域中，教育支出(供给方面)被视为人力资本投资。这项投资的价值不仅需要衡量短期内投入教育的成本，还需要考虑受教育程度高与受教育程度低的人在各自一生中的生活表现(结果方面)。由于每个国家都或多或少地存在着公平问题。所以对于教育投资所产生的公平与不公平的影响必须加以考虑。

二、世界各国划拨教育部门的经费收益

对于大多数发展中国家，公共投资的价值至关重要。将资金分配到不同部门的公共政策旨在确保有限的资源真正发挥效用。那

么，相对于其他部门而言，国家划拨到教育部门的经费是否有意义呢？关于世界银行 1980—2004 年资助不同部门项目的经济收益率参见表 1-1。

表 1-1　1980—2004 年世界银行资助不同部门项目的经济收益率(%)

各部门资助的项目	经济收益率
初等教育	20.00
中等教育	14.00
农业	11.00
工业	12.00
基础设施	16.00
所有行业	15.00

资料来源：Herrera，S.，“The Economic Rate of Return of World Bank Projects,” in *World Bank Working Paper 70427*，Washington DC，World Bank，2005.

这一结果来源于多份世界银行的项目评估文件，主要比较了近几十年来，教育与其他重要部门，涉及环境、经济、能源、农村与城市发展、水和卫生等不同领域，以及整个部门平均项目投资的回报情况。显然，投资教育产生经济收益。这一收益在教育的初始阶段尤为明显，并且与其他部门相比，收益率更高或者相当。

关于教育收益率，世界银行的 3 份报告中对世界 100 多个国家的相关结果进行了探讨。由于考察的时间、计算的方法，以及各国涵盖的信息有所不同，因此结果的估值不具备精确的可比性。其中，教育的社会收益率是比较教育成本和收益的估值。成本的计算不仅涉及完成学业所产生的直接成本，还考虑到了收入的损失(放弃的收入)。收益部分是以特定教育水平毕业与以较低教育水平毕业之后的收入差别。

第一份报告发表于 2004 年。这份报告通过全部折现法得出，教育的个人收益高于社会收益。这是因为社会收益率虽然是在个人收益率的基础上确定的，但是这包含所有花费的总和(个人直接引起的费用和发生在国家层面的费用，即个人的和公共的支出)。个人和社会收益率之间的差异反映了教育的公共资金的累退程度。随着教育水平的提高，公共补贴明显增加。关于不同阶段教育和不同地区教育的社会和个人经济收益率参见表 1-2。

表 1-2 不同阶段教育和不同地区教育的社会和个人经济收益率(%)

地区	社会			个人		
	高等教育	初等教育	中等教育	高等教育	初等教育	中等教育
亚洲	16.20	11.10	11.00	20.00	15.80	18.20
中东/北非	15.60	9.70	9.90	13.80	13.60	18.80
拉丁美洲和加勒比地区	17.40	12.90	12.30	26.60	17.00	19.50
经济合作与发展组织	8.50	9.40	8.50	13.40	11.30	11.60
非洲	25.40	18.40	11.30	37.60	24.60	27.80
世界	18.90	13.10	10.80	26.60	17.00	19.00

资料来源：Psacharopoulos, G. & Patrinos, H. A.,"Returns to Investment in Education: A Further Update," *Education Economics*, 2004(12).

比较不同阶段教育和不同地区的教育平均收益率，我们发现，最高的是拉丁美洲和加勒比地区以及非洲撒哈拉以南的地区。亚洲与世界平均水平接近。在经济合作与发展组织的高收入国家，产生的回报较低。根据社会收益率的计算结果，初等教育显示的收益最高，其次是中等教育，最后是高等教育。

2014 年的报告采用了明瑟方法(Mincerian Method)①计算个人获得的收益率。样本涉及非洲的北部和撒哈拉以南，亚洲的南亚、东亚，欧洲的中亚，拉丁美洲以及高收入地区，包括男性和女性在初等教育、中等教育和高等教育阶段的个人教育收益。据此，以个人收益率来说，在高等教育阶段，个人收益最高，参见表 1-3。

① 明瑟方法，基本收入函数法，是以收入的自然对数为因变量，以学校教育年限、工作经历及其平方为自变量的半对数回归分析方法。

表 1-3　不同地区和教育阶段男性和女性的教育收益率(%)

地区	整体			男性			女性		
	初等教育	中等教育	高等教育	初等教育	中等教育	高等教育	初等教育	中等教育	高等教育
高收入地区	4.90	6.60	11.10	3.30	7.50	10.70	7.20	5.20	12.30
东亚	13.60	5.30	14.80	12.60	5.80	15.00	9.50	6.40	15.80
欧洲/中亚	13.90	4.70	10.30	12.10	4.20	9.80	11.90	6.40	12.20
拉美	7.80	5.40	15.90	7.90	5.30	15.70	8.70	6.50	17.40
中东/北非	16.00	4.50	10.50	12.70	4.30	10.20	21.40	7.40	13.50
南亚	6.00	5.00	17.30	4.70	3.90	16.60	4.80	6.20	23.30
非洲撒哈拉	14.40	10.60	21.00	12.50	10.10	21.00	17.50	12.70	21.30
所有经济体	11.50	6.80	14.60	10.10	6.70	14.40	13.20	8.20	16.10

资料来源：Montenegro，C. E. & Patrinos，H.，"Comparable Estimates of Returns to Schooling around the World ，" in *Policy Research Working Paper Series 7020*，Washington DC，World Bank，2014(12).

另一份报告包括教育的初始阶段。大量研究表明，在早期发展阶段的投资，产生的回报最高。一些研究证实了在幼儿园和早期教育阶段的投资与个体的受教育程度和收入的关系。此外，大量相关的成本效益研究已经在美国以及一些发展中国家展开。这些研究使教育投资在减少犯罪和青少年生育等问题上节约的公共开支得以被衡量出来。

如下数据反映了在早期发展阶段，教育投资的益处。

①在美国，儿童早期发展项目的利息收益在7.00%～18.00%。

②在牙买加，一项20多年的追踪研究发现，参加过学龄前干预措施的实验组在成年后所获得的平均收入比控制组明显提高了，参见图1-1。(Gentler，et al.，2013)

③在成本效益的关系上，玻利维亚为3.7(Orazen，et al.，2008)，巴西为2.0(Patrinos，2007)，收益表现优异。

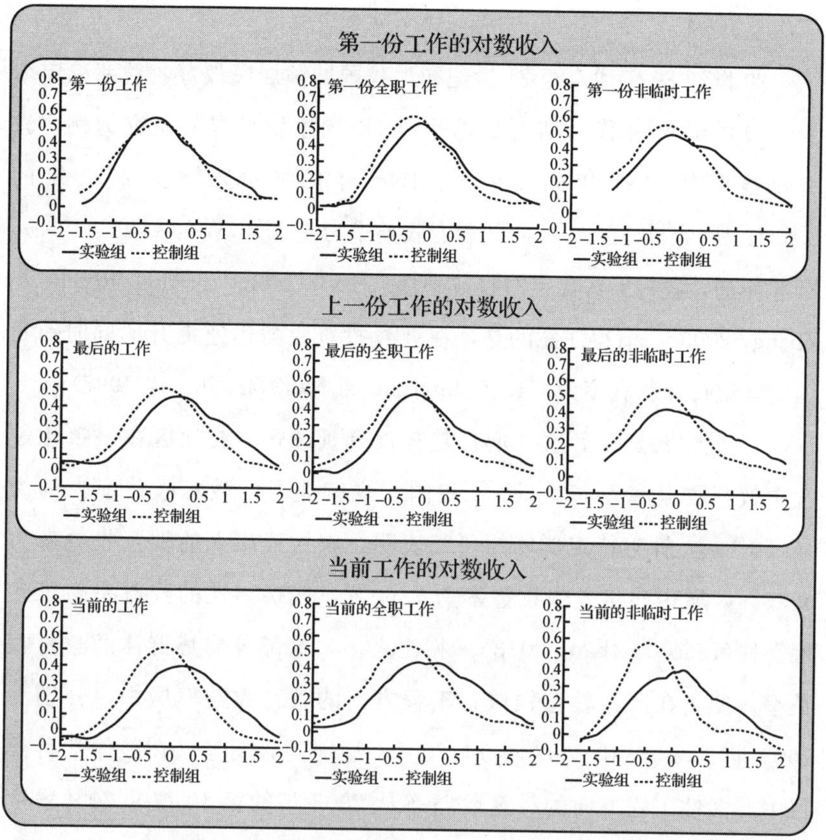

图 1-1　十预组与控制组在不同工作时期的对数收入

资料来源：Gentler，P.，Heckman，J. J.，Pinto，R.，Zanolini，A.，Vermeersch，C.，Walker，S.，Chang，S. M.，Grantham-Mcgregor，S.，"Labor Market Returns to Early Childhood Stimulation：A 20-Year Followup to an Experimental Intervention in Jamaica，" in *NBER Working Paper*，*19185*，Cambridge，MA，National Bureau of Economic Research，2013.

三、我国教育收益率的基本情况

近几十年来，我国和外国研究者都对中国教育投资回报的情况进行了研究。由于采用的样本、数据库和计算方法等方面的差异，教育收益率的结果有所不同。总体来说，我国教育收益率城市高于农村，公共部门高于私营部门(Li，Zhao & Morgan，2011)。随着受教育程度的提高，教育收益率由初等教育阶段向高等教育阶段依次上升。①

20 世纪 80 年代末至 21 世纪初，我国城镇居民教育收益率稳定增长。20 世纪 90 年代后期增长迅速。② 以国家统计局的研究为例，教育收益率从 1991 年的 2.95%、1995 年的 4.66%增至 2000 年的 8.53%。③ 农村地区 1991 年的教育收益率为 4.80%(Wei, et al., 1999)。21 世纪初，农村工薪青年的收益率接近 10.00%(Li, Brauw, Rozelle & Zhang, 2005)。值得注意的是，在教育投资收益迅速提升的同时，我国实际银行存款利率为－4.60(Internatinal Monetary Fund, 1997)。

21 世纪初期以后这一增长趋势没有延续，农村地区在城镇化过程中教育收益率先高后低。④ 我国正规就业者的教育收益率大约为 10.00%。⑤ 针对特定群体的研究表明，农村残疾人的教育收益率为 5.30%，城市残疾人的收益率为 7.60%。残疾男性的收益率高于残疾女性(Liao & Zhao, 2013)。相比之下，这部分弱势群体的教育收益率偏低。在高等教育领域，工程方向的教育收益率居中，分别为 2003 年 10.60%和 2008 年 14.70%，性别差异明显。在整体学科排行中，女性工程方向的教育收益率从 2003 年的第 10 位 9.70%增至 2008 年的第三位 14.30%(Fan & Zhang, 2015)。尽管高等教育阶段的收益率最高，但 2003—2010 年不同群体之间的收入差异扩大(Hu & Hibel, 2013)。

虽然随着城乡二元社会结构的变化、市场经济的转型、教育体制的改革、劳动力市场的变迁，我国的教育收益率也产生变动，但是总体来看，不同阶段教育收益率的变化特征与以往国际比较研究的结果一致，高等教育的个人收益率最高。农村个人教育收益率与其他发展中国家的结果相似。

---

① 戴平生:《半参数 GAM 模型下我国教育收益率的分析》，载《数理统计与管理》，2015(1)。

② 李实，丁赛:《中国城镇教育收益率的长期变动趋势》，载《中国社会科学》，2003(6)。

③ 陈晓宇，陈良焜，夏晨:《20 世纪 90 年代中国城镇教育收益率的变化与启示》，载《北京大学教育评论》，2003(2)。

④ 邓峰，丁小浩:《中国教育收益率的长期变动趋势分析》，载《统计研究》，2013(7)。

⑤ 郭冬梅，胡毅，林建浩:《我国正规就业者的教育收益率》，载《统计研究》，2014(8)。

四、教育的成本效益与最佳投资方式

基于以上研究回顾，我们可以得出结论：一般来说，就 3%～5%的折现率测算，投资扩展至任何教育水平都具有良好的成本效益。尤其需要重视的是，有些教育投资能够产生更高的收益。

诺贝尔经济学奖得主经济学家詹姆斯·赫克曼(James Heckman)在一系列的文献中阐明，投资早期教育阶段和儿童早期教育是促进技能发展和改善成年生活的最佳投资方式(Heckman & Masterov，2005；Heckman，2008)。

萨卡罗普洛斯和帕特诺斯于 2018 年发表了新近的研究成果(Psacharopoulos & Patrinos，2018)。该研究根据 139 个国家至少 1 120份关于教育回报率的报告发现，在全球范围内从整体上来说，学校教育每增加一年，个人平均回报率依然约为 9%，高等教育的个人回报随着时间的推移而增加。这可以引发人们关于教育财政投入和公平问题的思考以及对公共资源的调整。例如，在国家政策层面着力改善相对薄弱的农村贫困地区的教育以及早期教育的状况。另一方面，学校教育的社会回报率仍然颇高，中等和高等阶段教育超过 10%。最后，研究结果再次证明，妇女的学校教育平均回报率仍然高于平均水平，这说明整体来说女童教育依然当属优先事项。

教育的社会收益作为优质教育的成果，能够在无形之中促进许多不同方面的发展，包括改善城市的安全、促进市民良好的行为、减少监禁等问题带来的社会成本。

然而，只看回报率是远远不够的。这会限制对教育成果中的其他收益，以及其他积极影响的认识(一些研究计算出了 50%的额外增长)。

因此，教育与经济和社会发展联系密切。在所有为促进可持续发展、减少贫困和提升生命质量的发展策略中，教育是核心。

参考文献

[1] Psacharopoulos，G. & Patrinos，H. Returns to Investment in Education：A

Further Update[J]. Education Economics, 2012, 12(2).

[2] Montenegro, C. E. & Patrinos, H. Comparable Estimates of Returns to Schooling Around the World, Policy Research Working Paper Series 7020[M]. Washington DC: World Bank, 2014.

[3] Gentler, P., Heckman, J. J., Pinto, R., Zanolini, A., Vermeersch, C., Walker, S., Chang, S. M. & Grantham-Mcgregor, S. Labor Market Returns to Early Childhood Stimulation: A 20-Year Followup to an Experimental Intervention in Jamaica. NBER Working Paper, 19185[R]. Cambridge, MA: National Bureau of Economic Research, 2013.

[4] Orazem, P., Glewwe, P. & Patrinos, H. The Challenge of Education[M]. Copenhagen Concensus 2008, 2008.

[5] Patrinos, H. Living Conditions of Children[M]. //Lomborg, B. Solutions for the World's Biggest Problems: Costs and Benefits. New York: Cambridge University Press, 2007.

[6] Li, F. L., Zhao, Y. D. & Morgan, W. J. The Rate of Return to Educational Investment in China: A Comparative Commentary[J]. Education, Knowledge & Economy: A Journal for Education and Social Enterprise, 2011, 5 (1-2).

[7] Wei, X., Tsang, M. C., Wu, W. & Chen, L. K. Education and Earning in Rural China[J]. Education Economics, 1999, 7(2).

[8] Li, Q., Brauw, A., Rozelle, S. & Zhang, L. X. Labor Market Emergence and Returns to Education in Rural China[J]. Review of Agricultural Economics, 2005, 27 (3).

[9] International Monetary Fund. International Financial Statistics[R]. Washington D C: International Monetary Fund, 1997.

[10] Liao, J. & Zhao, J. B. Rate of Returns to Education of Persons with Disabilities in Rural China: International Conference On Applied Social Science Research[C/OL]. 2013[2018-05-24]. http: // www. researchgate. net/publication/266645559.

[11] Fan, J. B. & Zhang, C. G. A Study of the Rate of Return to Higher Engineering Education in China[J]. International Journal of Educational Development, 2015, 42(5).

[12] Hu, A. & Hibel, J. Increasing Heterogeneity in the Economic Returns to Higher Education in Urban China[J]. The Social Science Journal, 2013, 52 (3).

[13] Heckman, J. J. &Masterov, D. Allander Series: Skill Policies for Scotland. NBER Working Paper, 11032[R]. Cambridge, MA: National Bureau of Economic Research, 2005.

[14] Heckman, J. J. Schools, Skills & Synapses[J]. For Schungsinstitut Zur Zukunft Der Arbeit Institute for the Study of Labor, 2008(3515).

[15] Psacharopoulos, G. & Patrinos, H. Returns to Investment in Education: A Decennial Review of the Global Literature[J]. Education Economics. 2018, [R/OL]. (2018-06)[2018-06-08]. https://www.tandfonline.com/eprint/eWUiFQKU8Ey2WsNxZUSX/full.

第二章 教育体系中的学校基础设施投资及其教育结果

世界不同地区的实证研究表明，学校基础设施状况与提高入学率和促进学生学习相关。高质量的物理环境能够改善教师的出勤状况与工作动力，以及学生的教育获得与学习结果。同时，在这方面的投入有助于改善教育成果，包括学生在劳动力就业市场内的表现。虽然其他教育投入对教育质量也有积极作用，但是基础设施这一要素本身所产生的效果往往尤其显著。关键在于，学生学习水平的提高需要能够支持多重投入的投资组合，并且只有考虑到所有这些投入时，才能实现教育成果的显著改善。教育投入的优化需要权力部门深入了解基础设施与其他教育投入在相互影响过程中产生的关键作用，开展以提高教育质量为目标的综合实施方案，使教育投资在改善教育成果方面发挥更大的作用，从而在本地区实现真正卓有成效的教育转型。

一、学校基础设施投资及其考察的意义

一个国家要在争取公平、包容和可持续发展的框架下完成转型，国民普遍获得高质量的教育是必要条件。在发展中国家的教育发展进程里，学校基础设施的投资往往是必不可少的教育投入。因此，改善学校物理环境基础设施及其使用情况一直是有效解决学生入学和辍学问题、改善课堂教学和学习成效、促进学校发展的重要因素之一。

近年来，学校的硬件建设和环境空间的设计与使用开始受到重视。在提升农村学校的基础教育质量方面，我国出台了一系列农村教育底部攻坚的计划，改善基本公共服务，提高基本办学条件。在

高等教育上，院校规模扩大，基础设施建设项目随之增加。在国际援助项目中，我国也开展了教育基础设施建设。那么，学校的物理环境和基础设施状况对教育成果会产生怎样的作用？关于这二者之间的联系，尚缺乏系统的研究和分析。这里我们简要分析总结有关中小学校和高等院校的物理环境和基础设施状况，及其教育过程与结果的实证依据，探讨学校物理环境和基础设施状况对改善教育成果的重要性，为相关的研究和讨论提供文献依据。

基于此，在这一部分，我们不仅收集了发展中国家的实证研究和项目评估报告，还分析了发达国家的研究结果。虽然这些研究采用的方法、取样的设计和统计运算的方式有所不同，但是都考察和论证了学校基础设施的指标和教育质量的指标。此外，我们还收集了衡量教育基础设施投资回报的研究文献。虽然相关的文献极为有限，但是有助于探讨教育经费在设施投入上的成本效益问题。

二、学校的物理环境及质量参数

学校物理环境的质量至少需要参考如下变量：①学生、教师和行政管理人员的舒适条件。比如，教师和学生的使用空间，调节的温度，充足的通风和照明，具备水、电、互联网和现代健康设备及其污水排放等方面的服务。②为积累学习经验、开展试验和练习活动而提供的空间。这包括教室、图书馆，以及计算机、物理、化学等学科和农业科技、职业技术等领域需要使用的科学实验室等。③为发展才艺和增进娱乐，开展文化和体育活动而提供的空间。

改善学校在以上参数方面的物质条件，与学生学习表现的提高密切相关。多个国家的报告表明，学校物质条件的改善，能够在学习成绩上提高 10.00％的标准差。其中，提供技术设备能够提高 12.00％；修建图书馆能够提高 10.00％；发放教师指导手册能够提高 7.00％(Hanushek，1995)。加纳的研究也提出了基础设施与学习的正相关关系。加纳经过个案调研发现，水、电和公共厕所产生的累积效应与数学和语文标准测验成绩分别提高 3.20％和 5.60％相关，而教师培训有助于提高数学成绩1.30%和语文成绩1.80%，课本有助于提高数学成绩0.20%以及语文成绩0.70%(Joseph & Wodon，2012)。

其他的研究也得到了相似的结果。例如，格莱维和雅各比(Glewwe & Jacoby)发现，在加纳，解决学校漏水问题与阅读和数学成绩提高大约0.2个标准差相关(Glewwe & Jacoby，1994)。一份世界银行关于加纳的项目报告得出如下结论：设施配备和设施质量的改善能够提高入学率，并且有助于学生在学习测试中取得更好的结果(World Bank，2004)。

近期在拉丁美洲的研究同样证实了以往的研究发现。研究结果显示，物质环境与设施，包括修建图书馆和实验室等学习和教学区，以及公共服务、体育、文化、娱乐设施的使用情况，都与学习密切相关(Duarte，Bos & Moreno，2010；Duarte，Gargiulo & Moreno，2011；UNESCO-LLECE，2011)。

上述实证研究表明，高质量的基础设施有助于更好的教学，改善学生的学习成果，并减少辍学率等。

类似的实证研究结果在发达国家也得到了印证。例如，美国一项研究从日常活动空间、群体集会空间、照明和视野以及周边教学设施4个方面，对24所小学的物理环境状况进行了考察。结果表明，这些环境设计因素可能引起三年级小学生2.00%～7.00%的学习差异。在控制了社会经济背景的影响作用的情况下，4个方面的因素仍然都与学生的学业表现相关(Tanner & Kenneth，2008)。英国最近的一项研究发现，学校基础设施的设计以及营造的环境可以在小学生的学习进度上造成16.00%的差异。这项研究表明，教育基础设施的设计理念通过3个相互关联的因素影响学习效果：自然(如光、空气质量)，刺激(如设计复杂性、颜色)和个性化程度(如个人学习空间可以在多大程度上灵活调整)。此外，还有研究讨论了城市和农村地区在空间、教育过程和可用时间方面，与年龄适宜性和减少不平等相关的因素。《21世纪学校的学习：迈向促进学习，确保安全和保护环境的学校建筑物》的报告中，呈现了在教室中如何结合颜色、光、空间、家具、技术、陈设和声学特点，创造有利于学习的环境，如图 2-1 所示。

图 2-1　促进学习的教室

资料来源：Inter-American Development Bank，*Learning in 21st-Century School Buildings that Promote Learning*，*Easure Safety*，*and Protect Environment*，Washington DC，Meeting of the IDB Education Network，2012. Photo. Joseph Romeo. Courtesy Perkins Eastman | EE&K.

学校现代通信技术（Information Communication Technology，ICT）设备的投放和设施的建设，已经成为教育投资中的重要组成部分。为了考察这些教育投资对提升教育质量和学生学习的潜在影响，经济合作与发展组织（Organization for Economic Co-operation and Development，OECD）对芬兰、瑞典、比利时、荷兰、葡萄牙和西班牙 6 个欧洲国家开展了为期 3 年的研究。结果发现，虽然互联网和信息通信技术影响着人们对改变教学和学习环境的期待，但是教学空间的相关性和使用者对设施的需求是确定物质学习环境质量的重要因素（Kuuskorpi & Cabellos，2011）。

值得注意的是，在对学生学习表现的作用上，研究结果表明，虽然 ICT 已经渗透到生活的各个方面，但是在正规教育中该技术还没有被广泛使用。就课堂已有的使用情况来看，ICT 对学生学校表现的影响最多也只是有喜有忧。OECD 的国际研究指出，那些教育上大量投资 ICT 的国家，在提高学生的语言、数学和科学的学习上并不为人称道。优秀的 ICT 也不能代替学生解决教学不良产生的问题。而且，在提高弱势群体学生技能发展方面，ICT 所起的作用微乎其微(OECD，2015)。

三、学校基础设施对教育质量的影响

教育质量受到一系列要素的不同程度的影响。从国家的发展状况、学生的社会经济背景、教育环境，到教育系统本身，包括课程、教师、教育基础设施的质量等，形成了相互作用的整体。回顾近年来在改善学校基础设施方面的研究结果，用于教育基础设施的投资，至少在如下 3 个层面对教育质量产生影响。

(一)入学和完成学业

来自全球几大洲的研究结果一致表明，学校建筑状况的改善对于入学率的增长、学校完成率的提升以及学生全部学业的完成都具有积极的作用(Birdsall，1985；Detray，1988；Lillard & Willis，1994；Case & Deaton，1996；Lavy，1996)。2000 年，我国为了在西部地区普及义务教育，将政府财政的中小学危房改造经费 30 亿元、义务教育专项资金 50 亿元，以及世界银行贷款的 2 亿美元等教育经费投向入学率偏低的西部民族地区，主要进行中小学校舍的基本建设，为 2011 年实现全国普及义务教育奠定了基础。在秘鲁的研究也发现，校舍投资与学生的出勤率呈明显的正相关(World Bank，2004)。

另外，大量不同国家和地区的研究文献显示，水和卫生条件与学业的完成情况呈正相关(Chaudhury，et al.，2006；Sey，et al.，2003；World Bank，2004)。在这方面，路易斯和洛克希德(Lewis & Lockheed)收录了丰富的文献资料，在非洲和南亚地区，特别是对于女孩来说，卫生设施尤为重要(Lewis & Lockheed，2007)。

不良的学校基础设施及其使用情况可能成为入学和完成学校教育学业的阻碍。在教育和设施都缺乏的低收入国家，基础设施建设问题尤为明显。例如，在越南和印度尼西亚，由于校舍简陋，学生可能在初等教育阶段就提前中断学业（Mason，1994；Glewwe & Jacoby，1996）。一些国际教育项目已经将基础设施的配备及其使用状况、物理环境的安全与卫生状况等因素纳入学校发展的指标（UNICEF，2009）。联合国儿童基金会中国办事处与我国教育部合作，在爱生幼儿园的环境标准中指明了教室、楼梯、餐厅和卫生间建设的具体要求。来自世界不同区域的研究证实，学校物质环境和设施配备状况的改善与学费的增加相关。

（二）教师工作动力

教师是改善学习过程的关键，也被视为决定学生成就的重要因素之一。教师的绩效受到教师工作动力的影响。如果教师缺乏工作动机或者长期缺勤，就会不利于学生的学习和发展。亚太地区全民教育十年教育质量分析报告提出，教师糟糕的工作环境是需要特别关注的现实问题（UNESCO & UNICEF，2012）。

研究表明，物质环境和基础设施的改善对于提升教师的工作积极性，减少旷工也具有积极作用。孟加拉国、厄瓜多尔、印度、印度尼西亚、秘鲁和乌干达的研究表明，在环境良好的学校里工作的教师比设施差的学校的教师平均减少 10% 的缺勤率（Chaudhury, et al.，2006）。学校环境和设施状况甚至影响到教师的工资水平。缺勤的减少或者行政上的宽容，使因缺勤而影响教师工资的情况也明显减少。研究还提出，照明充足的教室可能增加教师对学生的敏感性和反应性，提高教师的教学积极性，有助于学生学习状况的改善（Heschong Mahone Group，1999）。

（三）学习的成果

学生评估项目等测评工具在世界范围内被广泛用于衡量学习的过程和结果。研究发现，学习是一个复杂的过程，只有经过一个相当长的时期才能看到明显的变化。很多国家致力于将互联网广泛应用于学习过程、改善课程和教学。但是，有关 ICT 产生明显效果的实证研究依据较为匮乏。我国研究者比较了学习空间与传统教室对学生学习的影响。结果发现，学习空间的规划和课堂技术设备的使用能够促进学生参与学习、理解概念和掌握基本操作，但是它们在问题解决能力上的影响仍需继续研究。① 这一结果与上述国际比较研究的发现相似，在改变教学和物质学习环境方面，信息通信设备的使用存在挑战，与教学和学习整合的问题至为关键。

研究表明，美国许多地方的标准化测试结果与学校的基础设施状况显著相关。例如，采光照明条件好的教室可能与学生成绩高 7%～8% 相关(Heschong Mahone Group，1999)。在社会经济背景较低的学生群体中，学生的学习表现与学校基础设施的相关更高(Berner & Abril，1993；Earthman，2002；Rydeen，2009)。回顾美国 2000—2009 年出版的相关研究文献发现(21st Century School Fund，2010)，物质环境与设施对于教师的保留、学生的学业表现、出勤率和辍学率，以及标准化考试分数都有显著的影响。

汉纳谢克(Hanushek)针对发展中国家已有的 34 个教育生产函数的研究发现，学校设备与学习情况在多数情况下呈正相关(Hanushek，1995；Hanushek，2006)。有研究者调查分析了拉丁美洲 20 年的相关研究，基于对 70 种生产函数模型的分析发现，只有 2 种模型(书桌)呈现消极影响(Velez，Schiefelbein & Valenzuela，1993)。总体上，基础设施的质量与学习之间存在积极的相互关系。不过，在这些产生正相关的关系之中，只有 33%相关显著。值得注意的是，迈克尔洛瓦(Michaelowa)等人在非洲 14 个国家的研究得出，学校建筑物的状况与学生的学习明显相关(Michaelowa & Wechtler，2006)。

学校设施不足以及使用的缺乏可能影响学生的学习。来自公立和私立学校的研究表明，拥挤的物理环境所造成的成本与教育质量相关。一项对菲律宾一年级学生的研究发现，缺乏足够的家具设备

① 许亚锋、塔卫刚：《学习空间对学生学习的影响研究》，载《远程教育杂志》，2014(5)。

不利于学习程度的提高。不良的家具状况与阅读和数学成绩下降 0.3 个标准差有关(Tan，Lane & Coustere，1997)。

OECD 国家的研究也发现了学校物质环境与学习成果的联系。例如，在比利时，库伊威尔斯(Cuyvers)等人在分析相关信息的基础上，确定了物质环境对非认知表现的影响作用。研究结果还表明，不论在城市还是在农村地区，物质环境与学习都有关联(Cuyvers，2011)。

(四)其他影响的实证依据

一所新的学校能够为偏远地区的青少年提供学习的机会；高质量的学校基础设施能够改善学生和教师的出勤状况，提升学习和工作动力，改善教育成果。那么，是否有研究能够揭示学校物质环境对教育成果产生了怎样的影响?

印度尼西亚有一个最大的影响力评估项目，评估当时世界最大的教学楼对教育产生的影响。这个研究通过衡量多年之后学生的教育和就业状况，清晰地呈现了基础设施和教育发展之间的因果关系。杜夫若(Duflo)发现，学校的建设增加了年轻人的受教育年限以及进入劳动力市场之后的收入。对于那些在 1974 年是 2～6 岁的学生来说，在他们的出生地每建成一所有 1 000 名学生的学校，他们的教育年限就增加 0.10～0.12(Duflo，2000)。由此可以估算出，如果以学校建设而产生的教育水平的差异作为工具变量，考察教育对工资的影响，教育可能产生的经济回报在 6.80%～10.60%。

费舍尔通过澳大利亚的个案研究提出：①“学生的学业表现随着建筑条件的改善而提高”；②“光线，空气质量，温度与噪音等单个因素，能够对学生的行为和表现产生影响”；③然而，“关于学校规划设计和建设的新趋势，及其对学生行为和表现的影响还有待采用严谨的研究方法进行评估”。澳大利亚的这份摘要基于大量研究报告的结果。这些研究旨在探讨学校建筑设施与学生行为以及学习成果之间的因果联系，研究的结果普遍支持了理论假设，证明了学校物质环境建设能够对教育成果带来积极的改变(Fisher，2001)。

四、在多重组合下优化教育投入提高质量

上述实证研究表明，学校的物质环境与学生的教育成果之间存在关联。基础设施这一要素本身所产生的积极效果不仅显著，而且经常大于其他方面的投入。在这一问题上，还需要广泛深入地探讨因果关系的存在。到目前为止，研究证据显示，学校物质环境和基础设施建设与扩大入学和提高学习表现相关。在这方面的投入有助于教育成果的改善，包括劳动力就业市场的表现。

当然，以上的研究和其他相关的研究也表明，其他方面的教育投入也可以对提高教育质量产生积极的作用。无论是通过测量辍学率的降低、毕业率的提高等内在效率的指标，还是考察学习的表现等外在效率的指标，都是值得关注的。其他一些需要考虑的因素还包括，学龄人口增长和地区分布等人口趋势特征，城乡差异及其对学校需求的状况，交通的方式和效率，劳动力市场对学生能力和技能的需求等。

提高全体学生的教育质量应该是各国政府教育投入的最终目标。在资源有限、要求竞争和启动条件不平等的情况下，把握整体的视角和科学的数据分析方法对于政府得以专注于最终目标至关重要。虽然教育政策制定者越来越注重教育质量和学校学习环境，但许多国家只是以片面的方式投资教育基础设施，而忽视了其他方式的教育投入。

关键在于，学生学习水平的提高需要能够支持多重投入的投资组合，并且只有在考虑到所有这些投入时，才能形成更大的累积效应，从而获得教育成果的显著改善。

由此可以得出结论，教育投资的优化需要权力部门深入了解基础设施与其他教育投入在相互影响过程中产生的关键作用，实施以提高教育质量为目标的综合方案，使教育投资在改善教育成果方面发挥更大的作用，从而在本地区实现真正卓有成效的教育转型。

参考文献

[1] Hanushek，E. A. Interpreting Recent Research on Schooling in Developing Countries[J]. World Bank Research Observer，1995，10(2).

[2] Hanushek，E. A. School Resources[M]//Hanushek，E. & Welch，F. Handbook of the Economics of Education. Vol. 2. Amsterdam：North Holland，2006.

[3] Joseph，G. & Wodon，Q. Test Scores in Ghana's Primary Schools：Measuring the Impact of School Inputs and Socio-Economic Factors[R]. Washington DC：The World Bank，2012.

[4] Glewwe，P. & Jacoby，H. Student Achievement and Schooling Choice in Low-Income Countries：Evidence from Ghana[J]. Journal of Human Resources，1994，29(3).

[5] World Bank. Books，Buildings and Learning Outcomes：An Impact Evaluation of World Bank Support to Basic Education in Ghana[R]. Washington DC：Operations Evaluations Department (OED)，2004.

[6] Duarte，J.，Bos，S. & Moreno，M. Los Docentes，Las Escuelas Y Los Aprendizajes Escolares En America Latina：Un EStudio Regional Usando La Base De Datos Del SERCE. Inter-American Development Bank Technical Note，8[R]. Washington DC：Inter-American Development Bank，2010.

[7] Duarte，J.，Gargiulo，C. & Moreno，M. School Infrastructure and Learning in Latin American Elementary Education：An Analysis Based on the SERCE. Inter-American Development Bank Technical Note，277[R]. Washington DC：Inter-American Development Bank，2011.

[8] UNESCO-LLECE. Second Regional Comparative and Explanatory Study，First Report[R]. Paris：UNESCO，2011.

[9] Tanner，C.，Kenneth. Explaining Relationships Among Student Outcomes and the School's Physical Environment[J]. Journal of Advanced Academics，2008(19).

[10] Barrett，P.，Davies，F.，Zhang，Y. & Barrett，L. The Holistic Impact of Classroom Spaces on Learning in Specific Subjects[J]. Environment and Behavior，2016，49(4).

[11] Kuuskorpi，M. & Cabellos，N. The Future of The Physical Learning Environment：School Facilities that Support the User. CELE Exchange，Centre

for Effective Learning Environments[M/OL]. Paris: OECD Publishing, 2011[2018-05-24]. http://Dx. Doi. Org/10. 1787/5kg0lkz2d9f2-En.

[12] OECD. Students, Computers and Learning: Making the Connection, PISA[M/OL]. Paris: OECD Publishing, 2015 [2018-05-24]. http://Dx. Doi. Org/10. 178/9789264239555-en.

[13] Birdsall, N. Public Input and Child Schooling in Brazil[J]. Journal of Development Economics, 1985, 18(1).

[14] Detray, D. Government Policy, Household Behavior, and The Distribution of Schooling: A Case Study of Malaysia[M]//Schultz, T. P. Research in Population Economics. Vol. 6. Greenwich CT: JAI Press, 1988.

[15] Lillard, L. A. & Willis, R. J. Intergenerational Educational Mobility: Effects of Families and State in Malaysia[J]. Journal of Human Resources, 1994, 29(4).

[16] Case A. & Deaton, A. School Quality and Educational Outcomes in South Africa. Research Program in Development Studies[D]. New Jersey: Princeton University, 1996.

[17] Lavy, V. School Supply Constraints and Children's Educational Outcomes in Rural Ghana[J]. Journal of Development Economics, 1996, 52(2).

[18] Paxson, C. & Schady, N. Do School Facilities Matter? The Case of The Peruvian Social Fund (FONCODES)[R]. Washington DC: The World Bank, 1999.

[19] Chaudhury, N., Christiaensen, L. & Asadullah, M. N. Schools, Household, Risk and Gender: Determinants of Child Schooling in Ethiopia. Presented at The CSAE Annual Conference, University of Oxford[R]. Washington DC: The World Bank, 2006.

[20] Lewis, M. & Lockheed, M. Inexcusable Absence: Why 60 Million Girls Still Aren't in School and What to Do About It? [M]. Washington DC: Center for Global Development, 2007.

[21] Mason, A. D. Schooling Decisions, Basic Education, and the Poor in Rural-Java[D]. Stanford: Stanford University, 1994.

[22] Glewwe, P. & Jacoby, H. School Enrollment and Completion: An Investigation of Recent Trends. Household Welfare and Vietnam's Transition[R]. Washington DC: The World Bank, 1996.

[23] UNICEF. Child-Friendly Schools Manual[M]. New York：UNICEF，2009.

[24] UNICEF China. Early Childhood Development：3-6 Years[M]. Beijing：UNICEF，2015.

[25] UNESCO Bangkok & UNICEF. Asia-Pacific End-of-Decade Notes on EFA Goal 6[M]. Bangkok：UNESCO，2012.

[26] Chaudhury，N.，Hammer，J.，Kremer，M.，Muralidharan，K. & Rogers，H. Missing in Action：Teacher and Health Worker Absence in Developing Countries[J]. Journal of Economic Perspectives，2006，20(1).

[27] Sey，H.，Mukhpadhyay，S.，Laurin，E. & Banerjee，S. Enhancing Education Opportunities for Vulnerable People：Exploring UNICEF SWASTHH for Support-A Rapid Assessment[M]. Washington，DC：Creative Associates International，2003.

[28] Heschong Mahone Group. Day Lighting in Schools[M/OL]. Fair Oaks：CA，1999[2018-05-24]. http：//H-M-G. Com/Downloads/Daylighting/Schoolc. pdf.

[29] Berner，M. & Abril，M. Building Conditions，Parental Involvement，and Student Achievement in the District of Columbia Public School System[J]. Urban Education，1993，28(1).

[30] Earthman，G. E. School Facility Conditions and Student Academic Achievement：Williams Watch Series [M]. Los Angeles：Instituto Para La Democracia De UCLA，Educacion Y Acceso UC Los Angeles，2002.

[31] Rydeen，J. A. Test Case：Do New Schools Mean Improved Test Scores? [M]. Escuela Y Universidad Americana：Planeamiento De instalaciones，2009.

[32] 21st Century School Fund. Research on the Impact of School Facilities on Students and Teachers：A Summary of Studies Published Since 2000[EB/OL]. (2010-09)[2018-05-24]. http：//www. 21csf. Org/Csf-Home/Documents/Researchimpactschoolfacilitiesfeb2010. pdf.

[33] Velez，E.，Schiefelbein，E. & Valenzuela，J. Factor Affecting Achievement in Primary Education[M]//HRO Working Paper，2. Washington DC：World Bank，1993.

[34] Michaelowa，K. & Wechtler，A. The Cost-Effectiveness of Inputs in Primary Education：Insights from the Literature and Recent Student Surveys for Sub-Saharan Africa[M]//ADEA Working Document. Paris：ADEA，2006.

[35] Tan, J. P., Lane, J. & Coustere, P. Putting Input to Work in Elementary Schools: What Can Be Done in the Philippines? [J]. Economic Development and Cultural Change, 1997, 45(4).

[36] Cuyvers, K., et al. Well-Being At School: Does Infrastructure Matter[R]. Paris: OECD Publishing, 2011.

[37] Duflo, E. Schooling and Labor Market Consequences of School Construction in Indonesia: Evidence from an Unusual Policy Experiment. NBER Working Paper, 7860 [D]. Cambridge, MA: National Bureau of Economic Research, 2000.

[38] Fisher, K. Building Better Outcomes: The Impact of School Infrastructure on Student Outcome and Behavior. Schooling Issues Digest[M]. Camberra: Australian Department of Employment, Education, Training and Youth Affairs, 2001.

第三章　教育体系中回报最高的投资：贫困儿童早期发展投资与干预

近十多年来，儿童早期健康、营养、社会保障、入学公平以及有质量的保育和教育逐渐受到全球的关注。儿童早期保育与教育已经被纳入 2030 年联合国可持续发展目标之中。政府为幼儿制定全面的政策、为家长提供有质量的服务、提供必要的公共资金逐渐成为发展的紧迫要求。基于世界不同国家、不同政治经济和社会文化背景的实证依据，在这一部分我们主要呈现对处境不利儿童及早干预的重要性，早期投资对个体和经济社会发展的益处，以及不同早期干预措施的影响力；进一步比较了当前儿童早期发展实际的和最佳的投资模式特征，介绍了近年来发展中国家儿童早期发展的实践项目及其干预研究结果；同时，强调政府需要重视并衡量儿童早期保育与教育的质量，参照国际经验开展政策的制定工作。由于儿童早期发展项目的实施涉及公共和私营部门的诸多利益相关方，需要建立支持儿童早期发展的制度架构，建立协调机制，促进政策的设计、制定、实施和评估。

一、世界儿童早期发展状况与及早干预的重要性

强调儿童早期发展(ECD)和儿童早期保育与教育(ECCE)是一种奢侈还是必需？根据联合国教科文组织全球教育监测报告的结果，已经有 40 个国家将学前一年的教育纳入义务教育体系。然而，世界上还有很多国家尚未承担起这一教育的责任(UNESCO，2015)。尽管这一议题日益受到关注，托幼园所、早教机构在大城市迅速发展，但是全球近 1/3 在园儿童的教育与服务由私营机构承担着(UNESCO，2014)。由于公共教育体系存在的真空，城市和农村低收入家庭能够获得的早

期教育的机会非常有限，质量更为堪忧，这是贫困儿童无法享有儿童早期保育与教育的关键。

如图 3-1 所示，多数低收入家庭的儿童缺乏必需的微量元素，缺少健康护理，儿童成长和发展的早期教育匮乏，影响小学入学的准备程度。这些早期发展的问题将会导致人力资本和人的潜能的巨大浪费，因而应该探讨对儿童进行必要的早期干预措施。

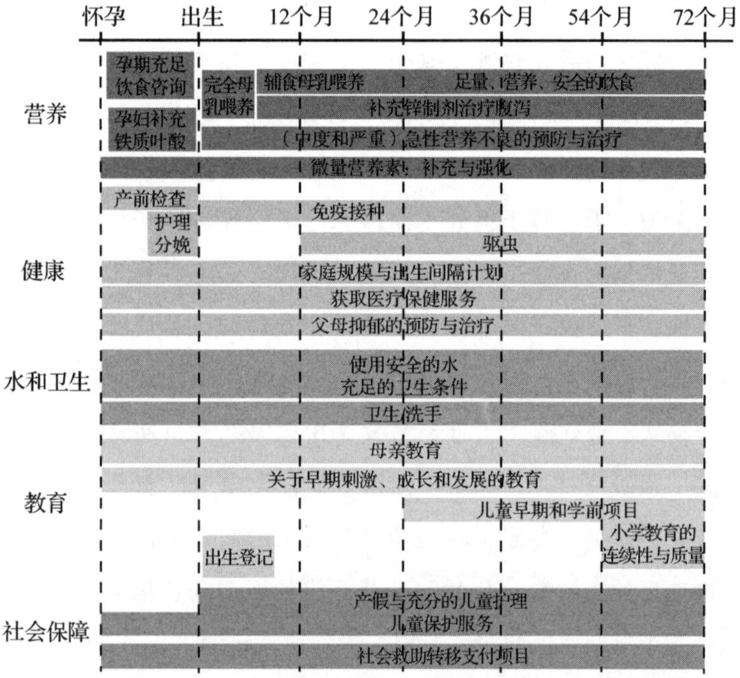

图 3-1　儿童早期发展的主要干预措施

资料来源：Dendoba，A.，Sayre，R.，Wodon，Q.，Elder，L.，Rawlings，L. & Lombardi，J.，*Stepping Up Early Childhood Development：Investing in Young Children with High Returns*，Washington DC：World Bank，2014.

促进儿童的发展和潜能的发挥涉及一系列的干预措施，上图主要说明了从孕期护理到学前教育各个阶段的要点。虽然近 20 多年来，幼儿发展的状况在一些指标上已经有所改善，但是在许多国家，与儿童发展的相关服务仍然长期被公共系统所忽视。其中，不仅包括营养状况、健康护理，也涉及与早期儿童教育相关的项目。

1999—2014 年，全世界各地区学前一年的总体入学率(GER)从 33% 上升至 64%。但是，2013 年依然有 1.62 亿名 5 岁以下的儿童营养不良(UNESCO，2014)。在全球，特别是中低收入国家，接受正式学前一年教育的儿童不到一半。[①] 拉丁美洲的总体入学率最高，为 76%，非洲撒哈拉以南地区最低，为 18%。学前教育面临发展不平衡、教育机会不平等、教育质量偏低的挑战。在国际社会的推动下，儿童早期保育与教育已经纳入 2030 年国际教育议程与可持续发展目标之中，倡导政府开展儿童健康、营养、社会保障、入学公平以及有质量的保育和教育，提供必要的公共资金逐渐成为发展的紧迫要求。

大量研究表明，来自低收入家庭的儿童更容易出现发展迟缓的问题，而发展迟缓有可能影响儿童在认知、语言、身体、社会情绪等不同层面的发展结果(Naudeau，et al.，2011)。帕克森和沙迪(Paxon & Schady，2007)用皮博迪图片词汇测验(Peabody Picture Vocabulary Test)对儿童发展的趋势进行分析。结果发现，在厄瓜多尔，处境不利儿童的表现远低于富裕家庭儿童的表现。整体上，儿童在 3 岁时的差异比较小。但是，6 岁儿童的发展结果表明，25%以上来自最贫困家庭的儿童明显落后于 25%以上来自最富裕家庭的儿童。卢比奥-科迪纳等人(Rubio-Codina，et al.，2013)在哥伦比亚的研究发现，不同社会经济背景的儿童在语言接受和表达技能水平上存在 14～42 个月的差距。凯斯等人(Case，et al.，2005)在英国的研究显示，出生时的轻体重会对儿童未来的学业和收入带来不利的影响。赫克曼(Heckman，2013)的研究指出，在美国，父母教养方式的质量是重要的影响因素，也是稀缺的资源条件。所有这些证据说明，从儿童出生之前到出生后的前几年，都需要及早开展干预措施，满足儿童成长和发展的需求。

① 根据世界银行教育统计数据，依据总体入学率计算。

儿童早期发展的问题和儿童早期保育与教育的缺乏，不仅与小学阶段和未来的学业成就有关(如高复读率、高辍学率、低完成率和低质量)，而且还会影响他们一生的生活质量。儿童的早期经验影响多种技能和行为的发展，以及成人之后的健康水平和生产能力。这一事实已经得到广泛的重视。格特勒等人(Gertler，et al.，2014)在牙买加的一项追踪研究证明，早期儿童干预具有长期影响和经济效益。这项研究考察了在1986—1987年，因发育迟缓参加心理社会刺激干预的学步期儿童。在干预的过程中，社区健康工作者进行每周家访，指导家庭教养方式，鼓励母亲以促进儿童认知和社会情感发展的方式与孩子互动。20年之后，研究者再次访谈部分参加过早期干预的儿童，发现他们在成人之后的经济收入提高了25%，完全可以赶上那些在基线调查中的正常儿童。

及早干预为儿童发展奠基，花费少，收效大。比弥补问题所需要的人力、物力和财力都少。早期干预也有助于提高教育系统的效率，为社会和经济发展的需求奠定人力资源的基础。

二、世界不同国家儿童早期保育与教育的投资及其干预的作用

儿童早期保育与教育始自家长和社区。随着1989年联合国《儿童权利公约》的颁布与实施，以及1990年联合国教科文组织全民教育目标的确立和推进，政府为幼儿制定全面的政策，帮助家长提供有质量的保育服务的义务逐渐在国际上得以明确。虽然儿童早期发展对于人类发展的重要作用毋庸置疑，然而直到近十多年来，早期发展的社会经济效益被大量研究所证实后才得到全球的关注。儿童早期保育与教育对于个体发展与社会公益都具有价值和意义。一项对美国1960年以来的123个研究的元分析结果表明，儿童早期保育与教育有助于个体认知和社会性发展，包括学业表现、自律、自我效能感、学习动机、教育期待、社会交往和亲社会行为等多个方面(Camilli，et al.，2010；Barnett，2008)。大量在不同政治、社会文化和经济背景下的研究还证实，儿童早期保育与教育有助于减少公

共教育、健康和福利的支出，促进社会公平。但是，尽管公共投资近年来大幅增加，经费不足的问题依然是开展儿童早期保育与教育的主要障碍。

对于处境不利儿童的早期保育与教育，投资的回报率颇高。发达国家和发展中国家的研究表明，为处境不利儿童提供的高质量的早期发展项目年回报率达 7%～16%（Sayre，et al.，2015）。而且，早期发展与其他教育阶段以及整个教育系统的公平也必然相关。因此，早期的投资和干预是改进公平问题经济有效的策略之一。对世界银行（World Bank，2015）在非洲、亚洲、欧洲和南美洲发展中国家的干预措施进行评估后发现，农村地区安全用水的效益费用比为 3.4∶1，基本卫生条件改善的效益费用比为 5.8∶1，在食品中加强铁和其他微量元素的效益费用比高达 37∶1，碘盐高达 30∶1.21，补充维生素 A 的花费是 3～16 美元，相当于挽回一年"健康"的生命（DALY）①。

关于早期认知发展的社会经济效益已经在世界范围得到了证实。这些研究起初大多数来自发达国家，近年来也出现在发展中国家。例如，在孟加拉国、巴西、厄瓜多尔、埃及、印度、墨西哥以及菲律宾的研究，证明了早期发展的益处（Bouguen，et al.，2013）。厄瓜多尔的研究还发现，家庭教育背景较低的儿童在学前教育中获益最多（Berlinski，Galiani & Manacorda，2008）。伯格（Burger，2010）评估了在经济合作与发展组织成员国中早期干预对来自不同经济背景的儿童的影响作用。研究分析了早期干预的影响力，特别是认知发展这一重要指标对促进儿童发展的影响作用，并且依据干预措施在不同背景儿童群体中产生的效果，对干预项目进行了分类。

成功的儿童发展项目具有一些共同的特点。根据世界各地的实证研究结果，这些项目往往从儿童出生时开始，重视家庭的参与，并针对最贫困的儿童（Naudeau，et al.，2011）。高质量的保育涉及健康、营养、情感、保护、安全以及社会心理支持，在教育方面涉及

① 一个 DALY 相当于失去一年"健康"的生命。

学校教育以及对儿童获取知识、技能和价值观的指导(UNESCO & UNICEF, 2012)。一般来说，在早期干预措施中，心理社会刺激的影响作用最大；营养补充作为单独的干预措施具有积极的效果，但是相对来说不够持久；家庭教养方式和家访可以提供个性化的支持，加强亲子互动。父亲的教养角色十分重要，但是相关的实证研究结果匮乏。强化的干预措施涵盖多个领域，更加综合，而且持续时间更长，因而早期综合干预产生的影响力最大而且最持久。

以美国的佩里学前方案(Perry Preschool)(两年的半日幼儿园)和“初学者计划”(Abecedarian Project)为例，这两个项目都针对处境不利儿童开展早期干预。虽然在实施的方式和强度上有所不同，但是总体来说都取得了良好的效果。柯里和托马斯(Currie & Thomas, 2000)的研究证明，参加过开端计划(Head Start)的儿童比他们的兄弟姐妹在学校的表现更为出色。戴明(Deming, 2009)，以及卡内罗和吉娜(Carneiro & Ginha, 2009)的研究也印证了这一结果。

但是从就业等更长期的发展结果来看，研究的结论不完全一致。已有的评估结果表明，一些发展中国家的早教中心在服务以及对儿童发展的影响上喜忧参半。在莫桑比克，马丁内斯、诺多和佩雷拉(Martinez, Naudeau & Pereira, 2011)发现，入园两年以上对小学入学率、每周学习时间以及儿童多方面的发展都有积极作用。在巴西南里奥格兰德州(Rio Grande do Sul)的评估发现，儿童在参加早期教育项目之后比参加之前在动作、认知和社会性的发展上都有显著提高(Young, 2012)，而且在同一社区里参加了早期教育项目的儿童与没有参加的儿童相比有明显的提高(Primeira, 2011)。但是，另外一些研究得出了不同的结果。对柬埔寨一些不同形式的早教机构进行的研究表明(Bouguen, et al., 2013)，参加过和没参加过早期教育项目的儿童3年之后的发展结果没有明显的差别。一些研究者针对中低收入家庭的背景文献进行了深入分析(Engle, et al., 2007; Vegas & Santibañez, 2010)，研究结果也强调了这些结论之间的差异。

研究(Cunha & Heckman，2007；Heckman & Mastered，2007)显示，早期干预的投资不仅能够提高经济效率，而且能够减少人生的不平等。这些研究结果都指出了对处境不利儿童进行早期投资的高回报率。由图 3-2 可知，这一回报甚至超出正规教育和在职培训，以及其他各阶段的教育。

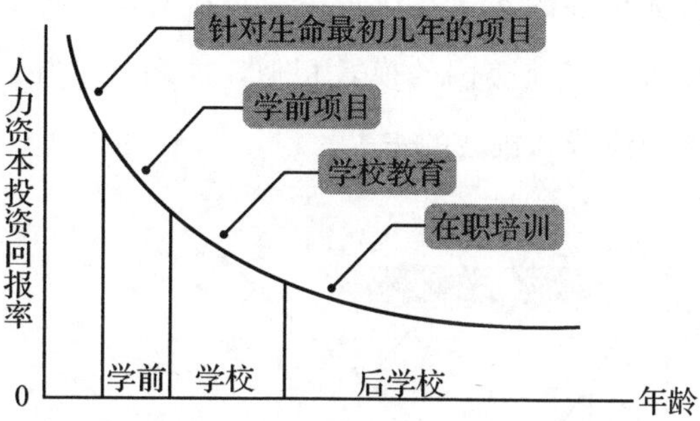

图 3-2　处境不利儿童每一美元投资的回报

资料来源：Heckman J.，"The Case for Investing in Disadvantaged Young Children," *CESifo DICE Report*，2008(6).

此外，投资儿童早期发展有助于为大脑的发育提供良好的机会。认知神经的研究也说明了早期生理和心理的经历对大脑功能发展的影响(Walker，et al.，2011)。由图 3-3 可知，大脑发育趋势特征与儿童

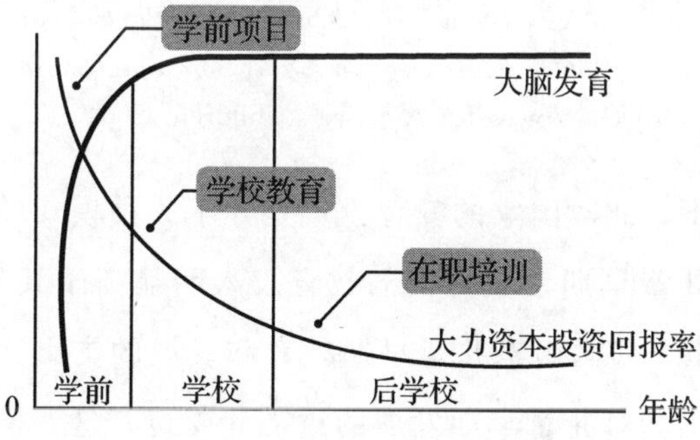

图 3-3　大脑的发育与回报率

资料来源：Carneiro P. & Heckman，J.，"Human Capital Policy,"in Heckman，J. & Krueger A.，*Inequality in America：What Role for Human Capital Policy ?*，Cambridge，MIT Press，2003.

早期干预的成本效益分析。如果中低收入国家儿童的入园率提高至50%，那么可以使儿童一生的收入提高 140 亿～340 亿美元。由此，儿童早期保育与教育的投资和干预具有双重效益，不仅能够带来高回报率，还能够在大脑发育的重要阶段促进儿童潜能的发展。

基于此，更多的国家将会及早投资儿童早期保育和教育，以低成本的投入保证更多的儿童在成长中获得应有的技能。不过，多数国家的教育投入与当前美国的模式相似，如图 3-4 所示。这一现实造成的是资源的浪费和机会的丧失。

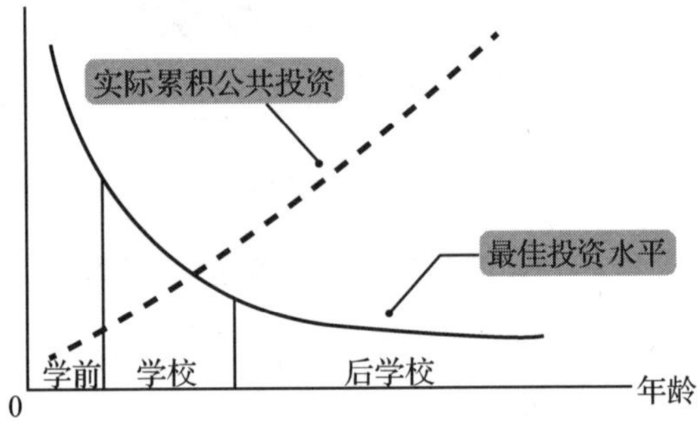

图 3-4 美国最佳的与实际的投资状况

资料来源：Carneiro P. , & Heckman J. , "Human Social Policy," in *NBER Working Paper Series* 9495, Cambridge, MA, National Bureau of Economic Research, 2003.

Bruner C. , Elias V. , Stein D. & Schaefer S. , *Early Learning Left Out: An Examination of Public Investment in Education and Development by Child Age*, Washington DC, Voices for America's Children, 2004.

相比之下，北欧国家的教育投资是异于此种模式的。以瑞典为例，政府在儿童早期发展方面的教育投入明显高于其他年龄阶段。如图 3-5 所示，瑞典用于儿童早期教育和发展的支出比中学生的高两倍，体现出其对儿童早期发展的重视和支持。这一模式也许应该是发达国家以及发展中国家的长远目标。

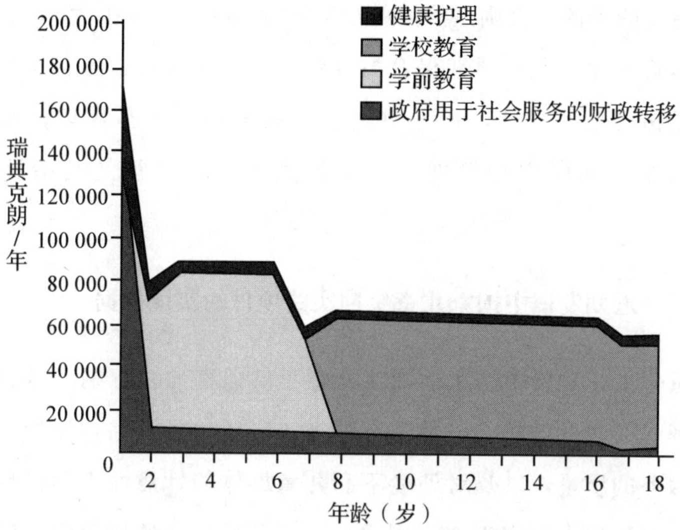

图 3-5　瑞典 0～17 岁儿童的公共支出

资料来源：Bremberg S.，*Swedish Policies for Pre-School Children*，Stockholm，Sweden National Institute of Public Health，Karolinska Institute，2006，http：//www. excellence-earlychildhood. ca/documents/BrembergANG. pdf.

对于儿童早期保育与教育的投资和干预，恩格尔等研究者总结过如下要点(Engle，et al.，2011)。

①儿童早期是确保所有儿童的潜能得以全面发挥的最佳时机。儿童早期发展的投资最经济有效，回报也最丰厚。

②减少不平等需要在生命的早期，针对脆弱儿童群体可能承受的各种风险实施综合的干预措施。

③以家庭为基础的教养方式干预和基于早教中心开展的早期项目有助于促进儿童认知和社会情感的发展，提高入学准备度。

④在项目质量上，通过为家长设计课程和实践活动，对儿童护理人员进行培训，开展监测和评估，加强治理和监督，可以使儿童早期发展项目的质量获得最大的提升。

⑤将中低收入国家的入园率提高至 25％或者 50％，依据不同的入园率和贴现率，投资的效益成本比可达 6.4～17.6。

⑥除非政府在最贫困的人口中，对有质量的儿童早期发展项目投入更多的资源，否则经济的差距仍将持续并进一步扩大。

尽管如此，儿童早期保育与教育部门所能获取的经费在很多国家都是最少的。因此，倡导早期投资和干预的潜在优势，通过实证依据在发达国家和发展中国家推进相关的决策及其措施至关重要。

三、近期发展中国家儿童早期实践项目的实证依据

近年来，发展中国家逐渐将儿童早期保育与教育纳入教育发展的进程。在教育的机会、数量、种类，资源的可及性，领域的综合性，服务的质量，以及对处境不利儿童群体的针对性方面开始有所改善。在发展中国家很多不同的地方，各种形式的早教中心已经被引进和建立起来，如图 3-6 所示。

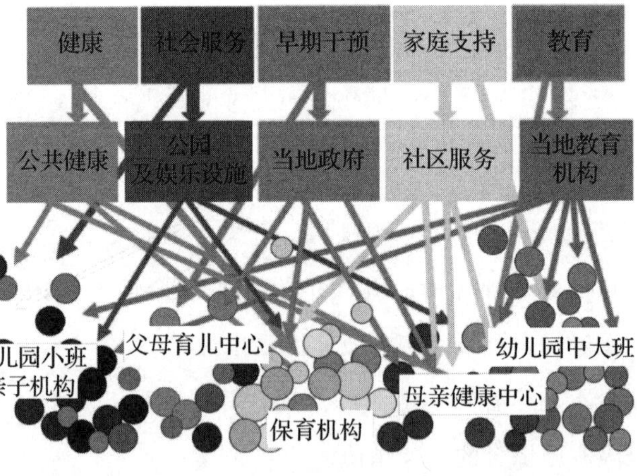

图 3-6 复杂的早期发展机构设置

近期的文献也证明了有关早期发展与干预的研究发现。下面，简单介绍其中一些发展中国家的项目及其实证研究的结果。

在促进健康和营养方面，危地马拉的营养补充试验发现，3 岁以下儿童早期营养的改善与男孩成年之后每小时工资收入的提升相关（Hoddinott, et al. , 2008）。秘鲁的健康教育项目表明，干预组儿童

的身高比控制组高 1 cm，营养不良的可能性降低 1/3(Penny，et al.，2005)。

在改善教育的物理环境方面，阿根廷学校建设项目通过入户采集调查数据，对学前入园设施建设和母亲的劳动力市场行为进行研究。结果表明，设施建设有助于大幅度提升学前教育入园率，同时可以改善母亲的就业状况(Berlinski & Galiani，2007)。此外，增加一年的学前教育与小学三年级语言和数学测验标准分数的提高显著相关(Berlinski，Galiani & Gertler，2009)。

在提供适宜的教育刺激方面，尼加拉瓜关注危机的项目通过提供教育刺激的干预措施，对儿童的个性、社会性、语言表达和词汇发展产生了积极的影响(Macours，Schady & Vakis，2008)。牙买加的儿童早期教育刺激项目对儿童长大后在劳动力就业市场的收入具有积极的影响作用(Gertler，et al.，2014)。美国等国家也开展了类似的项目。厄瓜多尔的儿童发展补贴项目发现，社会经济地位与儿童的词汇发展显著相关(Paxson & Schady，2007)，对动作技能和长时记忆也产生了一定的影响作用(Paxson & Schady，2010)。

在为家长提供支持、改善教养方式方面，牙买加的流动看护者项目针对 0～3 岁贫困农村儿童的父母提供营养、健康、卫生、安全、家庭教养方式的支持。其中包括在游戏、纪律、家务和教育期待方面提出性别平等的建议，改善了幼儿在家庭中的社会化过程(Powell，et al.，2004；Roopnarine，et al.，2005)。此外，另一个家访项目的结果表明，参与项目的婴儿比控制组在问题解决技能上得分更高(Meeks-Gardener，et al.，2003)。墨西哥的启蒙教育项目表明，低成本的农村非正规教育对家长行为和儿童发展结果都有积极的影响作用(Cárdenas，Evans & Holland，2015)。

在促进儿童早期综合发展方面，玻利维亚婴儿综合发展项目发现，7 个月的婴儿在参加项目后，认知能力和其他心理测试成绩都有所提高。这一干预的效益成本比为 1.7～3.7(Behrman，Cheng & Todd，2004)。

在社会保障方面，“机会”项目以有条件现金援助的方式(conditional cash transfer)保障贫困人口的教育需求，结果对儿童的适龄相对身高、长时记忆、视觉整合、语言发展，以及降低发育迟缓、提高耐力多个方面的发展产生了积极的影响(Fernald，Gertler & Neufeld，2008)。这一项目在墨西哥发起，在不同国家形成了社会保障网络。实施类似项目的还有巴西、秘鲁、洪都拉斯、牙买加、智利、马拉维和赞比亚等。

对有条件采取现金援助方式项目的评估，结果大多揭示了相关项目在儿童早期发展上的积极作用。乌干达的一项关于学前入园的有条件现金援助项目也说明，参加项目的儿童在视觉接收能力、精细动作能力和语言的接受与表达能力上均得到了提高(Gilligan & Roy，2013)。哥伦比亚的家庭在行动项目通过有条件现金援助的方式增加了家庭在早期教育方面的支出，并且通过定期的家访，使得参加项目的处境不利儿童在认知和社会情感技能方面获得了明显的提高，对母亲的教养方式也产生了积极的影响(Attanasio，et al.，2015)。

四、对我国儿童早期发展政策与实践的启示

家长总是希望给孩子最好的，希望子女健康、快乐地成长，受到良好的教育，获得事业和人生的成功，然而很多低收入家庭无力投入优质的儿童早期教育。儿童早期发展的投资在经济回报、打破代际贫困、社会公平和人力资源方面的积极作用，促使世界上很多国家开始更多地关注儿童，并为儿童早期发展直接提供教育服务，或者补助私立机构、社会团体以及非营利组织开展服务。然而，在入园率和儿童保育项目持续增加的同时，整体质量和服务依然偏低。由此导致在很多国家，人们质疑儿童早期保育与教育能否真正为儿童带来益处。

已有的研究证明，在母亲教育水平较低、缺乏学习资源的家庭和社区，开展儿童早期发展的干预确实能够为儿童入学的准备度带来改变(Rao & Sun，2015)。同时，政府需要明确早期干预项目的影

响，重视长期的教育质量的提升。否则，低质量的早期保育与教育的增加只能为母亲就业提供支持，却将对儿童发展产生不利的影响。因此，政府需要衡量儿童早期保育与教育的质量，参照国际经验开展政策的制定工作。

确保所有的女孩和男孩都有机会获得优质的早期发展，得到高质量的早期保育和学前教育已经成为可持续发展目标的重要内容。在我国精准扶贫、促进社会公平以及教育公平与质量的背景下，关注儿童早期发展具有重要的战略意义。为此，充分认识儿童早期发展这一政策选择的重要性、科学依据，以及全球各地已经证明有效的干预方案，有助于为我国在当前和未来的政策选择上达成广泛的共识，以及为提高行动的影响力提供借鉴。

与很多发展中国家的情况相似，我国在普及高质量的儿童早期保育与教育的进程中也面临着各种阻碍，用于早期教育阶段的公共资源不足就是其中之一。我国大约有 4 500 万名 3～6 岁的儿童，占全国儿童总数的 16.00％（UNICEF，2015）。2007—2016 年，我国学前教育入园率从 45.00％快速增长至 77.40％。随着政府和社会对儿童早期保育与教育的重视，在健康、营养、教育和保护方面的经费都在增加，学前教育的政策环境正在逐步建立。但是，学前教育长期投入不足。我国的公共教育支出 2012 年以后占国内生产总值的 4.00％。其中，占整体入学率 13.00％的学前教育在我国财政性教育经费中所占的比例从 2009 年的 1.36％提高至 2013 年的 3.52％。近年来，全国学前教育经费总投入增幅最高，但是和经济合作与发展组织成员国平均 8.09％的投入相比，仍然偏低(OECD，2010)。私立幼儿机构主要依靠收费。家庭的支出是公办和私立早期保育与教育服务主要的资金来源。

虽然为儿童提供平等的机会体现在教育政策之中，但是不同省份和地区的学前教育预算和整体支出差异很大(Liang，et al.，2014；Wu，Young & Cai，2012)。从 2011 年起，政府对中西部农村发展落后地区的投入明显增加，这些经费主要用于幼儿园的建设和补贴，并且开始提供针对贫困人口的学前教育资助。随着学前政策向农村倾斜，农村人口集中的镇区幼儿园明显增多，然而乡村的教育服务和经费仍然有限。[①] 学生评估测试发现，我国接受过学前一年教育的学生在阅读水平上明显高于没有接受过学前教育的学生（OECD，2010）。中西部连片贫困地区有 4 000 万名贫困儿童，在普及高质量的学前教育上滞后，会进一步影响这些儿童在基础教育阶段的发展。

近年来，一些社会团体和国际机构开展了针对贫困地区儿童早期发展的试点项目。这些项目有的通过因地制宜地在当地建立幼儿园，有效地提升了地方的学前教育普及率；有的以家庭为单位采取干预措施，通过入户养育指导，促进婴儿与家长的互动，帮助孩子在具有丰富刺激的环境中学习和成长；有的通过开展孕期指导，减少了母亲的心理压力。其中，救助儿童会在河北省和云南省开展了针对 0～3 岁儿童综合发展及入户指导的试点工作，联合国儿童基金会在西部开展了针对 3～6 岁儿童的教师培训试点项目。互满爱人与人中国项目在云南和湖北试点创办了基于当地农村社区的未来希望幼儿班，使当地留守儿童的发展状况得到明显改善。慧育中国项目从 2015 年起采用经过改编的牙买加家访课程，正在取得初步的成效。

对早期儿童保育与教育以及早期儿童发展的重要性缺乏公共意识，以及缺乏合格的师资也是重要的制约因素。这方面的问题在许多国家同样存在。我国针对学前教师的培训正在展开，培训经费纳入同级财政预算。幼儿园按照年度公用经费总额的 5.00%安排教师培训经费。然而，农村学前教师的薪酬与社会保障待遇方面亟待改善。现实的状况是我国的留守儿童超过 6 000 万名，其中很多儿童由不识字的老人看管。相关部门开展早期项目，对促进留守儿童的认知、情绪和社会性发展非常重要。否则，这一代群体就需要未来投入额外的资源来补偿。但是，当前很多国家已经发生类似的问题，

① 邬志辉，秦玉友等：《中国农村教育发展报告》，北京，北京师范大学出版社，2016。

却似乎还没有认识到。

关于儿童早期保育与教育的评估存在很大的差别，为此研究者正在致力于开发在地区范围内适用的有效的评估工具。基于全民教育框架的全球监测报告主要监测婴幼儿死亡率、发育迟缓、入学率和性别均等几个指标。而 OECD 国家普遍建立了学前教育质量监测体系，通过监测服务质量、教师质量和儿童发展为社会大众和科学决策提供信息与证据。我国在此方面的工作尚在起步阶段，缺乏跟踪记录儿童发展结果和质量标准的公开数据。由于儿童早期发展被纳入可持续发展目标，制定儿童发展指标的重要性引起了更多研究者的关注。近年来，研究者们开发出了多个量表和指标，用于衡量儿童在不同领域的发展状况。其中包括，东亚和太平洋地区儿童早期发展量表(the East Asia Pacific-Early Child Development Scales)、拉丁美洲地区儿童发展指标(the Regional Project on Child Development Indicators in Latin America)、根据家长报告开发的联合国儿童基金会多指标聚类调查早期儿童发展指数(UNICEF MICS Early Childhood Development Index，Bornstein，Britto，Nonoyama-Tarumi)、根据教师报告开发的早期发展研究工具(the Early Development Instrument)，以及救助儿童会为中低收入国家开发的国际发展与早期学习评估工具(International Development and Early Learning Assessment)等。这些评估工具聚焦于儿童早期发展，涵盖了儿童发展的多个不同的层面。评估工具的开发工作有助于未来几年在全球各地加强儿童早期发展的监测能力。

儿童早期保育与教育的实施较为复杂，因而一个先决条件是在各个部门中得到落实。儿童早期保育与教育在公共和私营部门都涉及诸多利益相关方。不同的部门提供着教育、健康、社会保障、家庭、成人教育等儿童早期保育与教育的相关服务，另外还有国家和地方等各级政府机构的不同部门负责实施。在一些国家，私营部门尤其是在开展日托服务方面也发挥着重要的作用。真正的难点在于儿童早期发展的项目没有单一的“归属方”，而这也许是其难以实施的最主要原因。

通过支持儿童早期发展的制度架构来协调儿童早期保育与教育工作至关重要。稳固的治理结构应该明确承担的角色、工作规划、质量标准、监测和评估，以及各级各部门之间的协调机制。同时，这一协同作用还应该促进政策的设计、制定、实施和评估。

参考文献

[1] UNESCO. Education for All 2000-2015：Achievements and Challenges[M]. Paris：UNESCO，2015.

[2] UNESCO. Teaching and Learning：Achieving Quality for All[M]. Paris：UNESCO，2014.

[3] Naudeau，S.，Kataoka，N.，Valerio，A.，Neuman，M. J. & Elder，L. K. Investing in Young Children：An Early Childhood Development Guide for Policy Dialogue and Project Preparation[M]. Washington DC：The World Bank，2011.

[4] Paxson，C. & Schady，N. Cognitive Development Among Young Children in Ecuador：The Roles of Wealth，Health，and Parenting[J]. Journal of Human Resources，2007，42(1).

[5] Rubio-Codina，M.，Attanasio，O.，Meghir，C.，Grantham-Mcgregor，S. & Varela，N. Socioeconomic Gradient of Child Development：Cross-Sectional Evidence from Children 6-42 Months in Bogota[J]. Journal of Human Resources，2013，50 (2).

[6] Case，A.，Fertig，A. & Paxson，C. The Lasting Impact of Childhood Health and Circumstance[J]. Journal of Health Economics，2005(24).

[7] Heckman，J. The Economic Case for Investing in Young Children[R]. Presentation at the National Business Leader Summit on Early Childhood Investment，2013.

[8] Gertler P.，Heckman，J.，Pinto，R.，Zanolin，A.，Vermeersch，C.，Walker，S.，Chang，S. M. & Grantham-Mcgregor，S. Labor Market Returns to An Early Childhood Stimulation Intervention in Jamaica[J]. Science，2014，344(6187).

[9] Camilli G. , Vargas, S. , Rayn, S. & Barnett, W. S. Meta-Analysis of the Effect of Early Education Interventions on Cognitive and Social Development [J]. Teachers College Record, 2010, 112(3).

[10] Barnett, W. Preschool Education and Its Lasting Effects: Research and Policy-Implications[M]. Boulder, CO: Education and the Public Interest Center & Education Policy Research Unit, 2008.

[11] Sayre, R. K. , Devercelli, A. E. , Neuman, M. J. & Wodon, Q. Investing in Early Childhood Development/Review of the World Bank's Recent Experience[M]. Washington DC: The World Bank, 2015.

[12] World Bank. World Bank Support to Early Childhood Development. An Independent Study Independent Evaluation Group, IEG[M]. Washington DC: The World Bank, 2015.

[13] Bouguen, A. , Filmer, D. , Macours, K. & Naudeau, S. Impact Evaluation of Three Types of Early Childhood Development Interventions in Cambodia. World Bank Policy Research Working Paper Series, 6540 [M]. Washington, DC: World Bank, 2013.

[14] Berlinski, S. , Galiani, S. & Manacorda, M. Giving Children a Better Start: Preschool Attendance and School-Age Profiles[J]. Journal of Public Economics, 2008(92).

[15] Burger, K. How Does Early Childhood Care and Education Affect Cognitive Development? An International Review of the Effects of Early Interventions for Children from Different Social Backgrounds[J]. Early Childhood Research Quarterly, 2010(25).

[16] Naudeau, S. , Martinez, S. , Premand, P. & Filmer, D. Cognitive Development Among Young Children in Low-Income Countries. No Small Matter: The Impact of Poverty, Shocks, and Human Capital Investments in Early Childhood Development[M]. Washington DC: The World Bank, 2011.

[17] UNESCO Bangkok & UNICEF. Asia-Pacific End-of-Decade Notes on EFA Goal 6[R]. Bangkok: UNESCO, 2012.

[18] Currie, J. & Thomas, D. School Quality and the Longer-Term Effects of

Head Start[J]. Journal of Human Resources, 2000, 35 (4).

[19] Deming, D. Early Childhood Intervention and Life-Cycle Skill Development: Evidence from Head Start[J]. Applied Economics, 2009, 1(3).

[20] Carneiro, P., Ginha, R. Preventing Behavior Problems in Childhood and Adolescence: Evidence from Head Start[M]. London: University College London, 2009.

[21] Martinez, S., Naudeau S. & Pereira, V. The Promise of Preschool in Africa: A Randomized Impact Evaluation of Early Childhood Development in Rural Mozambique[EB/OL]. (2013-08-14)[2018-05-24]. http://siteresources.worldbank.org/INTAFRICA/Resources/The_Promise_of_Preschool_in_Africa_ECD_REPORT.pdf.

[22] Young, M. E. Supporting Parents in Early Child Development Programs: Examples of Jamaica and Brazil: International Early Childhood Care and Development Conference[C]. Jakarta: UNESCO Bangkok, 2012.

[23] Primeira, I. M. PIM-Programa Primeira Infancia Melhor-Noticiario[EB/OL]. (2011-02-03)[2018-05-24]. http://www.pim.saude.rs.gov.br/a_PIM/php/pagina-Noticiario.php?n=63.

[24] Bouguen, A., Filmer, D., Macours, K. & Naudeau, S. Impact Evaluation of Three Types of Early Childhood Development Interventions in Cambodia. World Bank Policy Research Working Paper, 6540[R]. Washington DC: The World Bank, 2013.

[25] Engle, P. L., Black, M. M., Behrman, J. R., De Mello, M. C., Gertler, P. J., Kapiriri, L., Martorell, R., Young, M. E. & The International Child Development Steering Group. Strategies to Avoid the Loss of Developmental Potential in More Than 200 Million Children in the Developing World [J]. Lancet, 2007(369).

[26] Vegas, E. & Santibañez, L. The Promise of Early Child Development in Latin America and the Caribbean[M]. Washington DC: The World Bank, 2010.

[27] Cunha, F. & Heckman, J. The Technology of Skill Formation[J]. American Economic Review, 2007, 97(2).

[28] Heckman，J. & Mastered，D. V. The Productivity Argument for Investing in Young Children[J]. Review of Agricultural Economics，2007，29(3).

[29] Walker，S. P.，Wachs，T. D.，Grantham-Mcgregor，S.，Black，M. M.，Nelson，C. A.，Huffman，S. L.，Baker-Henningham，H.，Chang，S. M.，Hamadani，J. D.，Lozoff，B.，Meeks J. M.，Gardner，C.，Powell，A.，Rahman，A. & Richter，L. Inequality in Early Childhood：Risk and Protective Factors for Early Child Development[J]. Lancet，2011(378).

[30] Engle，P. L.，Fernald，L. C. H.，Alderman，H.，Behrman，J.，O'Gara，C. &Yousafzai，A. Strategies for Reducing Inequalities and Improving Developmental Outcomes for Young Children in Low-Income and Middle-Income Countries[J]. Lancet，2011(378).

[31] Hoddinott，J.，Maluccio，J. A.，Behrman，J. R.，Flores，R. & Martorell，R. Effects of Nutrition Intervention During Early Childhood on Economic Productivity in Guatemalan Adults[J]. Lancet，2008(371).

[32] Penny，M. E.，Creed-Kanashiro，H. M.，Robert，R. C.，Narrow，M. R.，Caufield，L. E. & Black，R. E. Effectiveness of An Educational Intervention Delivered Through the Health Services to Improve Nutrition in Young Children：A Cluster-Randomized Controlled Trial[J]. Lancet，2005(365).

[33] Berlinski，S. & Galiani，S. The Effect of a Large Expansion of Pre-Primary School Facilities on Preschool Attendance and Maternal Employment[J]. Labour Economics，2007，14 (3).

[34] Berlinski，S.，Galiani，S. & Gertler，P. The Effect of Pre-Primary Education on Primary School Performance[J]. Journal of Public Economics，2009，93(1-2).

[35] Macours，K.，Schady N. & Vakis，R. Cash Transfers，Behavioral Changes and Cognitive Development in Early Childhood：Evidence from A Randomized Experiment. World Bank Policy Research Working Paper [M]. Washington DC：World Bank，2008.

[36] Paxson，C. & Schady，N. Does Money Matter? The Effects of Cash Transfer on Child Health and Development in Rural Ecuador[J]. Economic Devel-

opment and Cultural Change, 2010, 59 (1).

[37] Powell, D., Okagaki, L., & Bojczyk, K. Evaluating Parent Participation and Outcomes in Family Literacy Programs: Cultural Diversity Considerations[Z]. Handbook of Family Literacy, 2004.

[38] Roopnarine, J., Fouts, H., Lamb, M. & Lewis-Elligan, T. Mothers' and Fathers' Behaviors Toward Their 3-to 4-Month-Old Infants in Lower, Middle, and Upper Socioeconomic African American Families[J]. Developmental Psychology, 2005, 41(5).

[39] Barlow, J., Davis, H., Mcintosh, E., Jarrett, P., Mockford, C., et al. Role of Home Visiting in Improving Parenting and Health in Families at Risk of Abuse and Neglect: Results of a Multicenter Randomized Controlled Trial and Economic Evaluation[J]. Child Care Health and Development, 2007, 92(3).

[40] Meeks-Gardner, J. S., Walker, P., Powell, C. A. & Grantham-Mcgregor, S. A Randomized Controlled Trial of a Home-Visiting Intervention on Cognition and Behavior in Term Low Birth Weight Infants[J]. Journal of Pediatrics, 2003, 143 (6).

[41] Cárdenas, S., Evans, D. K. & Holland, P. A. Parenting Training and Child Development at Low Cost? Evidence from a Randomized Field Experiment in Mexico[R], Washington DC: The World Bank, 2015.

[42] Behrman, J., Cheng, Y. & Todd, P. Evaluating Pre-School Programs When Length of Exposure to the Program Varies: A Nonparametric Approach[J]. Review of Economics and Statistics, 2004, 86(1).

[43] Fernald, L. C., Gertler, P. J. & Neufeld, L. M. Role of Cash in Conditional Cash Transfer Programs for Child Health, Growth and Development: An Analysis of Mexico's Oportunidades[J]. Lancet, 2008(371).

[44] Gilligan, D. & Roy, S. Resources, Stimulation, and Cognition: How Transfer Programs and Preschool Shape Cognitive Development in Uganda[Z]. Agricultural and Applied Economics Association, 2013.

[45] Attanasio, O., Cattan, S., Fitzsimons, E., Meghir, C. & Codina, M.

R. Estimating The Production Function for Human Capital：Results from A Randomized Control Trial in Colombia. Institute for Fiscal Studies Working Paper，W15/06[Z]. London：Institute for Fiscal Studies，2015.

[46] Rao，N. & Sun，J. Quality Early Childhood Care and Education in Low Resource Level Countries in Asia. Invest Against Evidence：The Global State of Early Childhood Education[M]. Paris：UNESCO，2015.

[47] UNICEF. Early Childhood Development：3-6 Years[R]. Beijing：UNICEF，2015.

[48] OECD. Education at a Glance[EB/OL]. (2010-09-07)[2018-05-24]. http：//www. oecd. org/education/skills-beyond-school/45926093. pdf.

[49] Liang，X.，Fu，Y. & Zhang，Y. Challenges and Opportunities. Early Childhood Education in Yunnan[M]. Washington DC：The World Bank，2014.

[50] Wu，K. B.，Young，M. E. &Cai，J. Early Child Development in China. Breaking the Cycle of Poverty and Improving Future Competitiveness [M]. Washington DC：The World Bank，2012.

[51] OECD. PISA 2009 Results：Overcoming Social Background-Equity in Learning Opportunities and Outcomes [EB/OL]. (2010-12-07) [2018-05-24]. http：//www. oecd-ilibrary. org/education/pisa-2009-results-overcoming-social-background _ 9789264091504-en.

[52] Rao，N.，Sun，J.，Richards，B.，Weber，M. A.，Sincovich，A.，Darmatadt，G.，Patrick，I. Assessing Diversity in Early Childhood Development in the East Asia-Pacific [J]. Child Indicators Research，2018 (2) [2018-05-24]. https：//doi. org/10. 1007/s12187-018-9528-5.

[53] Verdisco，A.，Cueto，S.，Thompson，J.，Engle，P.，Neuschmidt，O.，Meyer，S.，Gonzalez，E.，Ore，B.，Hepworth，K.，&Miranda，A. PRIDI. Regional Project on Child Development Indicators. Urgency and Possibility [R]. Washington DC：BID，2014.

[54] UNICEF. Development of the Early Childhood Development Index in MICS Surveys [R/OL]. (2017-08) [2018-05-24]. http：//mics. unicef. org/files?job=W1siZiIsIjIwMTcvMDkvMTUvMjEvMTUvNDMvMzc4L01JQ1NfTW-

V0aG9kb2xvZ2ljYWxfUGFwZXJfNi5wZGYiXV0&sha=85c096f0b2c5b0c8.

[55] EDI (Early Development Instrument). The Early Development Instrument [EB/OL]. (2018) [2018-05-24]. https: //edi. offordcentre. com/about/what-is-the-edi/.

[56] Pisani, L., Borisova, I. & Dowd, A. J. International Development and Early Learning Assessment [R/OL]. (2015-03) [2018-05-24]. https: //resourcecentre. savethechildren. net/sites/default/files/documents/idela _ technical _ working _ paper _ v3 _ nodraft. pdf.

第四章　教育体系中高回报的国家教育投资：女童的教育与发展

尽管学校教育在全球范围内迅速普及，但是男孩和女孩的不平等现象在教育的机会、过程和结果方面依然存在。在人与人不同的发展结果上，性别、贫困和权力关系发挥着决定性的作用。理解这些因素，我们才能够了解女性在教育和发展中面对的困境。性别平等(gender equality)意味着女性和男性享有平等的权利、责任和机会(UNESCO，2014)。而教育不但能够帮助女性获得追求幸福生活的权利和能力，还是增强女性权益，改善社会和经济地位的有效途径。教育领域的性别平等能够发挥女性和男性的天赋与潜能，造福家庭、社区和社会。多个学科的跨国研究表明，女童教育对于个人、家庭和社会都有裨益(World Bank，2012)。

女童教育有其内在价值和工具价值。当人们享有更优质更平等的教育时，人们的身体会更加健康，社会的经济实力和政治力量也会更强大。这有助于减少贫困，促进经济的增长与发展。同时，女性也能够获得更大的政治话语权，在市场中获得更多的工作机会，享受更好的服务，在家庭决策中发挥更大的影响力。这些方面的改善能够促进儿童的健康成长，进一步推动未来社会与经济的发展。(见图 4-1)

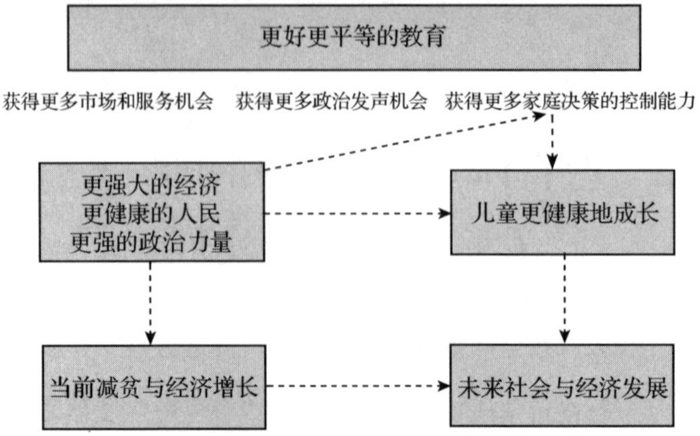

图 4-1 性别平等的内在价值和工具价值

然而，全世界未受教育的儿童中有 2/3 是女童，2/3 的成年文盲也是女性。尽管在小学阶段的入学方面，性别平等问题已经逐渐改善，但是性别不平等的问题在教育的其他阶段，以及教育的过程中仍广泛存在。在中等教育的入学指标上，2015 年世界 168 个国家中只有 62 个国家达到了性别平等的目标。

研究表明，在许多发展中国家，性别不平等的问题相当明显。生活在农村或处境不利地区的青少年更难完成中学学业。例如，在尼日利亚、巴基斯坦和也门，只有 25％的农村女生完成了中等教育，农村男生却有近 50％。在拉丁美洲，更多的青少年是因为有了工作，能够赚钱而辍学；而在哥斯达黎加、尼加拉瓜和秘鲁等国家，男生的学业表现明显优于女生(UNESCO，2016b)。类似的情况在蒙古和菲律宾等一些亚洲国家也存在。在工程、制造、建筑和科学的高等教育以及信息技术通信领域，女性只占入学总人数的 35％(UNESCO，2017a)。在科学、技术、工程和数学领域(science，technology，engineering and mathematics，STEM)，世界各地的研究者中女性都占少数。在失学人口方面，南亚地区的性别差异最为显著，高达 81％的女童无法上学，而男童仅占 42％(UNESCO，2016a)。从整体上来说，在贫穷、少数民族和偏僻乡村地区的女生，教育成就往往是最低的。

除此以外，学校教育有可能复制和传递性别歧视的观念。结果是女性虽然接受了多年的学校教育，却仍然无法突破自身的社会处境。已有研究还指出，女性所受的高等教育并不一定能够为她们在劳动市场上带来更好的机会。女性的平均收入明显低于男性。而这一性别差异的实质还可能减少社会经济增长的机会。

近年来，越来越多的研究开始探讨性别敏感的教学与学习、性别规范与价值观念，以及法律保障、资源分配、社会参与等各个方面的问题。它们不仅存在于教育系统内部，而且涉及教育系统以外的社会问题。这些问题已经成为发达国家和发展中国家都关注的研究主题。

已有研究大多聚焦于女童所面临的问题。然而，研究者应该注意到，男童对于实现性别平等也十分重要。在发达国家和发展中国家，男童也面临着各种挑战。无论男性还是女性，所有人都应当从教育中受益，把生活的家园建设得更美好。

投资女童的教育与发展是一项经济与发展双赢的明智的政策选择。女童教育获得的效益比任何军事、社会和有形资产的投入获得的效益都高。在发展中国家的各种投资中，女童教育的投资回报非常明显。比如，接受过 5 年教育的母亲帮助孩子健康成长到 5 岁以上的可能性会增加 40%(Summers，1994)。在印度，每 1 000 名女生多上一年学，能减少 43 个婴儿死亡，2 名孕产妇死亡，并减少 300 人的出生。从长远来看，这对社会是一笔可观的积蓄。社会在女童教育上多花一美元，就能从长远上节约 1.625 美元。

我们将首先讨论贫困的恶性循环，接着简述投资女童教育的益处，然后呈现女童教育在当前和未来国际发展议程中的优先领域，进而探讨如何促进女童的教育和学习，最后一部分反思尚未完成的议程，汲取有益的经验教训。

一、为什么投资女童教育

(一)打破贫困的恶性循环

尽管贫困和性别问题密不可分，但贫困并不是导致性别不平等的唯一原因。要摆脱贫困的长期影响，建立起良性的循环，女童和妇女都需要接受教育。学校教育不仅传授知识技能，还塑造社会行为。这些能够帮助女童和妇女更好地参与社会，在社会变革中找到自己的定位。一位受过教育的母亲更能够做出自己的选择，因而更能够努力改变现状，打破贫困的恶性循环。

家庭偏爱男孩大多是由于在经济的价值权衡中，女孩似乎不如男孩。如果女儿们终将变成其他家庭的妻子，为什么还要为她们的教育投资呢？如果进入职场的女性相对于男性得到的收入回报少而付出得更多，家长怎么会把有限的资源投入给女孩呢？在一些发展中国家，大多数父母倾向于为儿子提供教育，主要原因是为女儿提供教育没有经济收益(女儿们会在很早就出嫁)，另外一部分原因是缺乏完善的、适合女童的教育和发展体系。

此外，贫穷偏僻的社区更难从宏观经济发展中获益，贫困群体的生活经济地位一直处于弱势，又缺乏能力改变，这也就加强了他们关于教育支出的固有思想。

发展项目一直在探索用各种方式来打破这种恶性循环，从而建立良性的模式。研究发现，在贫困的农业社会，如果母亲接受过教育并有不错的收入，她们就会更加重视女儿的教育。尽管女儿仍然需要承担许多家务劳动，但是家里会支持她们去接受学校教育。当家庭经济状况能够勉强维持，生计有所改善时，家长们就会对子女的教育抱有更高的期望，同时也更加相信教育的长期收益。这样，就会发生一些积极的改变。

前面讲到，女童教育和性别平等有利于宏观社会和经济的发展，女性的发展将提高整个国家的实力。如果由于机会成本和直接成本的存在，父母认为女童教育的收益并不明显，那么政府应该支持女童教育，采取行动，打破文化传统的阻碍和经济条件的制约，在教育领域推进性别平等。

(二)教育的必要性和益处

忽视女童教育的价值和潜能将给国家带来无法弥补的损失。对于大多数发展中国家来说，女童教育本身就是最好的单项投资。不论是质性的人类学田野研究，还是量化的大规模家庭调查，各种跨文化和跨学科的研究结果为证明女童和妇女教育的价值提供了可靠的依据。以下就呈现国际文献中支持女童教育的一些证据。

1. 机制和益处

在亚洲、非洲和拉丁美洲国家的研究表明，对于女童和妇女，教育提供了一个从学校学习，直至未来的健康、生育和社会参与的通道。这些诸多方面的改善，皆因教育而相连(Levine，et al.，2012)。在尼泊尔和委内瑞拉的人类学研究证明，受过教育的、有一定学术素养和社会交往技能的母亲能够更好地理解媒体信息，通过寻求更好的医疗和公共卫生条件，提升子女的健康状况，进而降低婴儿的出生率和死亡率。研究表明，在过去40年里，女童教育的改善明显降低了婴儿死亡率，降低的比率占总数的50%以上，拯救了大约420万名儿童(Gakidou，et al.，2010)。在墨西哥、危地马拉、土耳其、印度和美国的实证研究一致表明，家长表现出的言语上的反应性对于幼儿具有长期的教导作用(Richman，Miller & LeVine，1992；Rogoff，et al.，1993)，对儿童正在形成的读写能力也有长远的影响(Lloyd，Kaufman & Hewett，2000)。

宏观经济数据也显示出与女童教育改善的关联。图4-2中d线代表真实的儿童死亡率；c线代表假设各国的GDP保持在1970年或1990年的水平，估计的儿童死亡率；b线代表假设各国生育年龄女性的受教育情况保持在1970年或1990年的水平，估计的儿童死亡率；a线代表假设GDP和生育年龄女性受教育情况都保持在1970年或1990年的水平，估计的儿童死亡率。

将未受学校教育的女童和妇女与受过学校教育的进行对比可以看出，学校的教学模式，以及在教育体制内的官方语体与行为方式教人如何运用所学在社会上谋生，如何与体制打交道，而不局限于本地的社会价值观和经济行为(Levine，et al.，2001；Aslam & Kingdon，2012)。因此，学校教育有助于改变女童的家庭角色，提

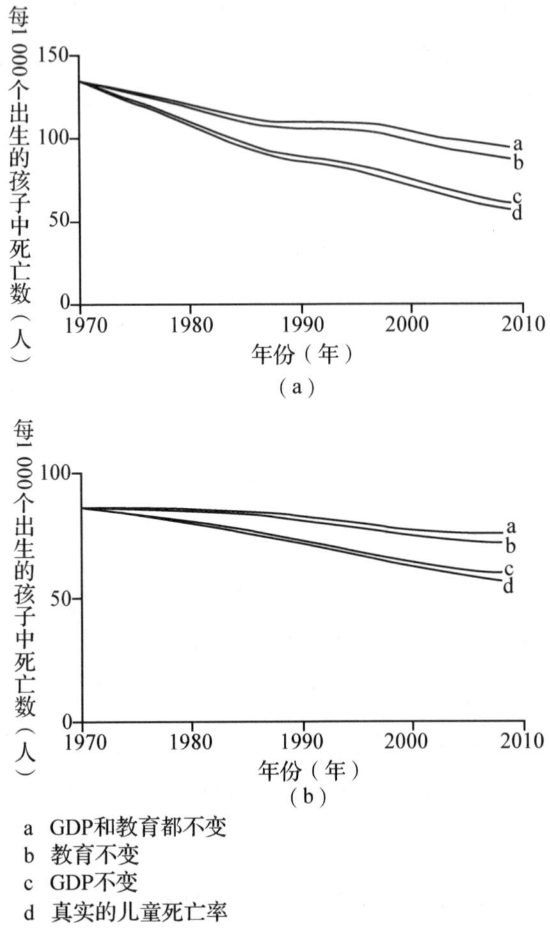

图 4-2 以 1970 年(a)和 1990 年(b)为基数的教育和国内生产总值对全球儿童死亡率的影响

资料来源：Gakidou，E.，Cowling，K.，Lozano，R. & Murray，C. J.，"Increased Educational Attainment and Its Effect on Child Mortality in 175 Countries between 1970 and 2009：A Systematic Analysis，"The Lancet，2010，376(9745).

高政治参与和工资待遇，预防艾滋病，避免基于性别的暴力等。受过教育的女性参加政治会议的可能性将高出 3 倍(UNESCO，2000)。根据 49 个国家的研究结果，受过中等教育的女童将会有更高的工资(增加 10%～20%)(Psacharopoulos & Patrinos，2004)。农村家庭可以通过各种不同的机会，获得更高的收入。例如，在印度尼西亚，与没有受过教育的农村工人相比，在接受过中等教育从事非农产业的人员中，男性工人从15%增加至61%，女性工人由17%增加至72%(UNESCO，2014)。妇女加入劳动市场，能够增加劳动密集型产业的收益，同时也可以带来更多技术劳动力，这将提高经济生产率，促进经济增长。

女童和妇女的学校教育在发展中国家具有重要的经济和社会效益。与教育男性相比，教育女性会有更大的影响(Filmer，2006)，对于家庭和下一代也有涟漪效应。其中主要的作用包括：儿童的教育程度和学业成就提高，儿童的健康得到保障，生育率变化(减少早期和意外怀孕，每增加一年的教育，生育率降低10%)，配偶的健康和预期寿命提高，家庭规模更为理想，以及技术变革得到促进，社会凝聚力提高，青少年危险行为和犯罪行为减少。

经济学、人口学和人类学等其他社会科学研究证明了女童教育的积极影响。女童和妇女接受学校教育并获得读写能力能够对女性发展和人类发展产生积极作用。并且，这一作用不受社会经济地位因素的影响，也不依赖于女性的赋权和增能，而是独立地发挥作用(Levine，et al.，2001)。

2. 教育的滞后与发展的挑战

2000—2015年，随着全球改善女童教育的政府工作的开展，小学教育中女生和男生的比率从92∶100增加至97∶100，中学教育中的比率从91∶100增加至97∶100。在入学指标上，虽然在数量上，全球66%的国家实现了小学教育的性别均等(gender parity)，50%的国家实现了初中教育的性别均等(UNESCO，2015)，但是很多国家在学生学习的质量上仍然面临严峻的挑战。

在大多数教育系统中，女童仍然处于弱势地位，如表4-1、图4-3所示。有80个国家仍无法实现千年发展目标中的性别平等目标。在一些特定的学科上，女生的学术发展常常受到限制。比如，从全球总体上看，女生的数学成绩落后于男生。而相比较之下，在社会性别更加平等的地区，女生和男生数学成绩的差异较小。

表 4-1　不同地区和不同收入水平群体的入学率的性别平等状况

地区	小学教育		初中教育		高中教育	
	性别平等指数	实现平等的国家(%)	性别平等指数	实现平等的国家(%)	性别平等指数	实现平等的国家(%)
全世界	0.99	63.00	0.99	46.00	0.98	23.00
低收入国家	0.93	31.00	0.86	9.00	0.74	5.00
中等较低收入国家	1.02	52.00	1.02	33.00	0.93	17.00
中等较高收入国家	0.97	70.00	1.00	60.00	1.06	22.00
高收入国家	1.00	81.00	0.99	59.00	1.01	37.00
高加索地区和中亚	0.99	100.00	0.99	83.00	0.98	29.00
东亚和东南亚	0.99	86.00	1.01	57.00	1.01	37.00
欧洲和北美	1.00	93.00	0.99	67.00	1.01	31.00
拉丁美洲和加勒比海	0.98	48.00	1.03	39.00	1.13	19.00
北非和西亚	0.95	56.00	0.93	46.00	0.96	33.00
太平洋地区	0.97	64.00	0.95	44.00	0.94	0.00
南亚	1.06	29.00	1.04	25.00	0.94	38.00
非洲撒哈拉以南地区	0.93	38.00	0.88	19.00	0.82	6.00

注：这里的性别平等指数是衡量女生和男生入学相对比率的，为女生入学量除以男生入学量。因此，当数值小于 1 时，表明性别差异对男生有利；大于 1 时，表明对女生有利。实现了性别平等的国家是指性别平等指数在 0.97～1.03 的国家。

资料来源：UNESCO，*Global Educational Monitoring Report* 2016：*Gender Review*，Paris，UNESCO，2016.

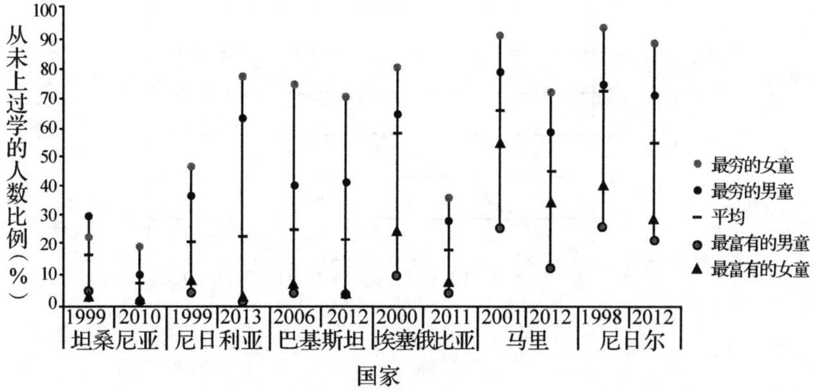

图 4-3　2000—2012 年，不同经济水平从未上过学的女童和男童的比例

资料来源：UNESCO，*Global Educational Monitoring Report 2016：Gender Review*，Paris，UNESCO，2016.

国家层面的平均数据掩盖了国家内部的不平等。城市与农村、贫困、少数民族、偏僻地区的女性学校教育的差异也相当明显，如图 4-4、图 4-5 所示。

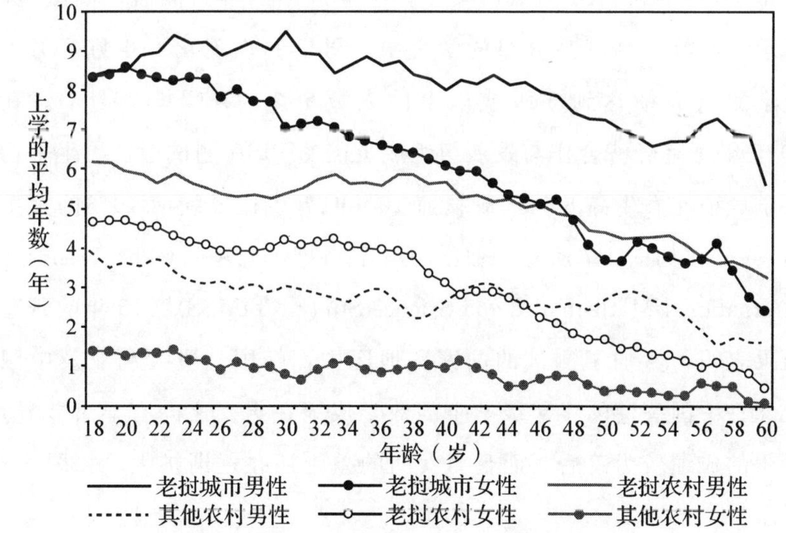

图 4-4　老挝的学校教育性别差异

资料来源：King，E. M. & van de Walle，D.，"Ethnic Minorities and Living Standards in Lao PDR，" in Hall，G. & Patrions，H.，*Indigenous Peoples，Poverty and Development*，Cambridge，Cambridge University Press，2012.

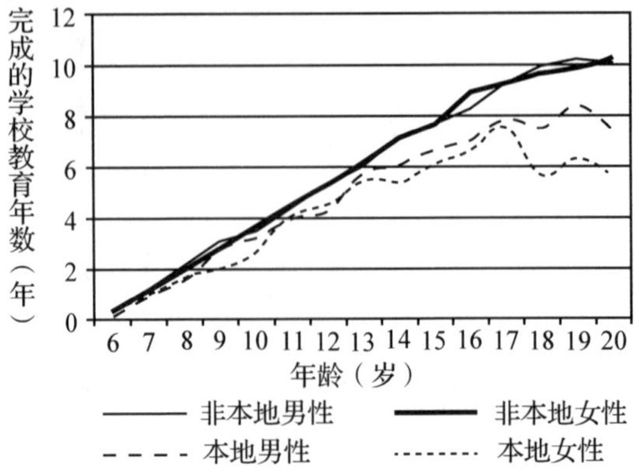

图 4-5 玻利维亚的学校教育性别差异

资料来源：King，M. &Nguyen，V.，"Gender and Overlapping Sources of Education Inequality，" in Figart，D. & Warnecke，T.，*Handbook of Research on Gender and Economic Life*，London，UK，Edward Elgar Publishing，2013.

根据经济合作与发展组织的学生评估计划(Programmer for International Student Assessment，PISA)分析，社会经济地位(socio-economic status，SES)低的女生，学业成绩更容易落后，如图 4-6 所示。在数学测试高分组的学生中，男生的表现比女生好，男生数学测试成绩达到 5 级或以上的人数更多(OECD，2015a)。在 2015 年所有经济合作与发展组织成员国的 PISA 测试中，男生平均数学成绩比女生高 8 分，成绩前 10%的男生比成绩前 10%的女生高 16 分，如图 4-7 所示。数学与科学趋势研究项目(The Trends in International Mathematics and Science Study，TIMSS)2015 年的研究结果表明，参加了测试的国家和地区中，韩国、澳大利亚及中国台北、中国香港的 4 年级学生的数学成绩在男女之间有显著差异，女生的成绩较为落后，而且男女间的差距还在逐渐扩大，如图 4-8 所示。

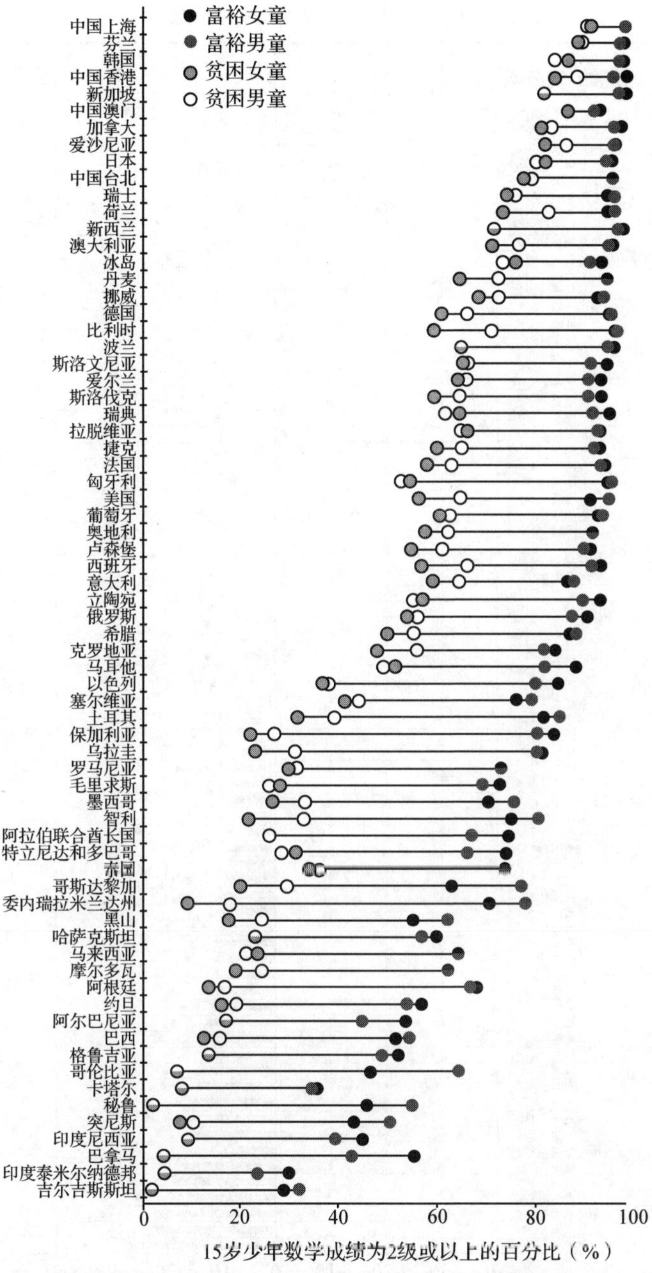

图 4-6 2009 年学生评估计划按经济、社会和文化状况及性别分类，数学成绩处于或高于 2 级的学生百分比

注：在参加了 2009 年学生评估计划的国家和地区中，阿塞拜疆、喜马偕尔邦（印度）和列支敦士登未列入。贫穷、富裕是指学生评估计划中经济、社会和文化状况指数中最低、最高的四分位数。

资料来源：转引自 UNESCO，*Global Mornitoring Report*，Paris，UNESCO，2012.

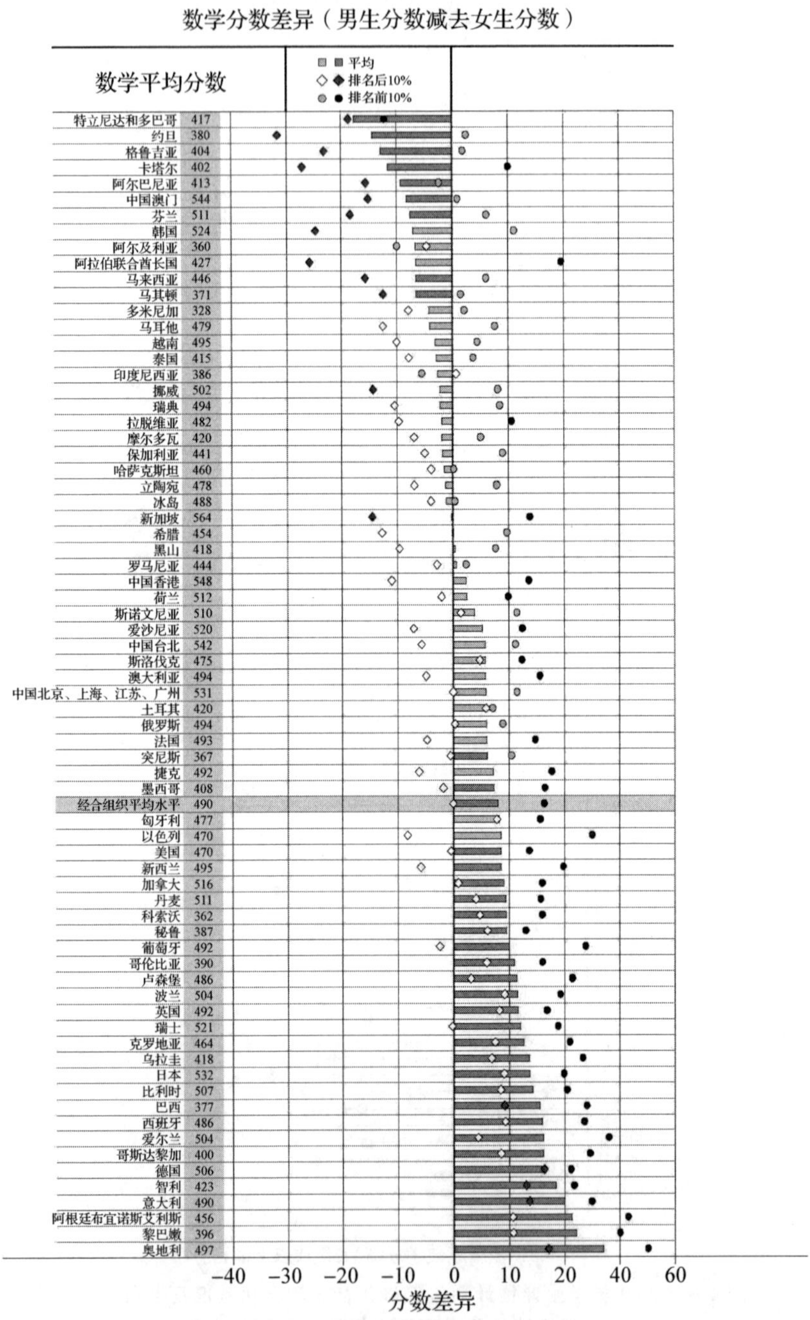

图 4-7　数学成绩的性别差异

资料来源：OECD，PISA 2015 Results (Volume I)，*Excellence and Equity in Education*，*PISA*，Paris，OECD Publishing，2016，http：//dx. doi. org/10. 1787/9789264266490-en.

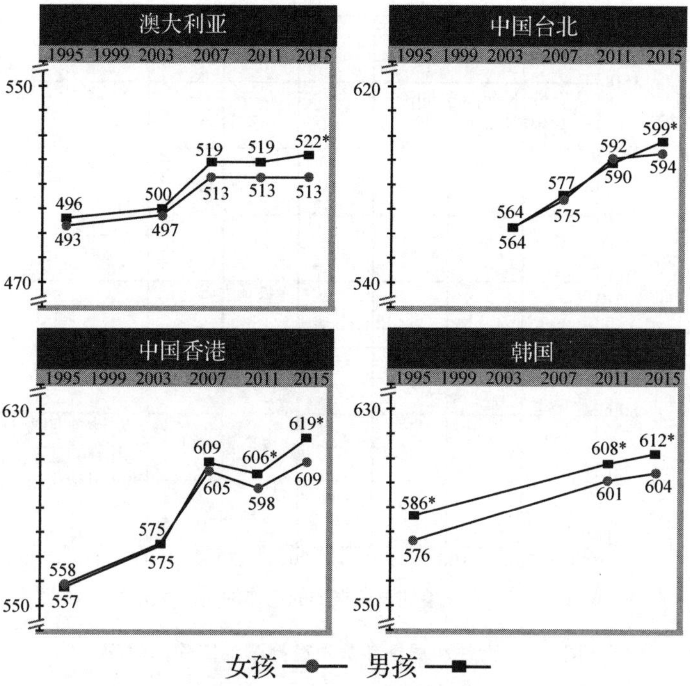

图 4-8　不同性别的数学成绩发展特征

注：* 指有显著差异。

资料来源：IEA，*IEA's Trends in International Mathematics and Science Study*：TIMSS 2015，Amsterdam，IEA，2015，http://timss2015.org/download-center.

从家庭决策、经济参与、政治表达这几方面考察女童和妇女的地位，性别不平等的问题就更加复杂。在中国、印度、越南等国家，虽然教育和经济发展都取得了一定的成就，但是"消失的女孩"(由于偏好男孩，女孩被堕胎而未能出生)的问题仍然存在。尽管女生在教育过程和学术表现上都比男生优秀，女性在劳动力市场的参与度和工资水平还是都比男性低。女性的收入平均比男性低一半左右，女性在劳动力市场的参与度比男性低 27%(World Economic Forum, 2016)。此外，政府领导中女性只占 19%。如图 4-9 所示，在许多国家，承担无偿工作的女性是男性的两倍。总之，女性在劳动力市场中仍然面临歧视，相当多的人只能承担无法完全体现其能力的工作。

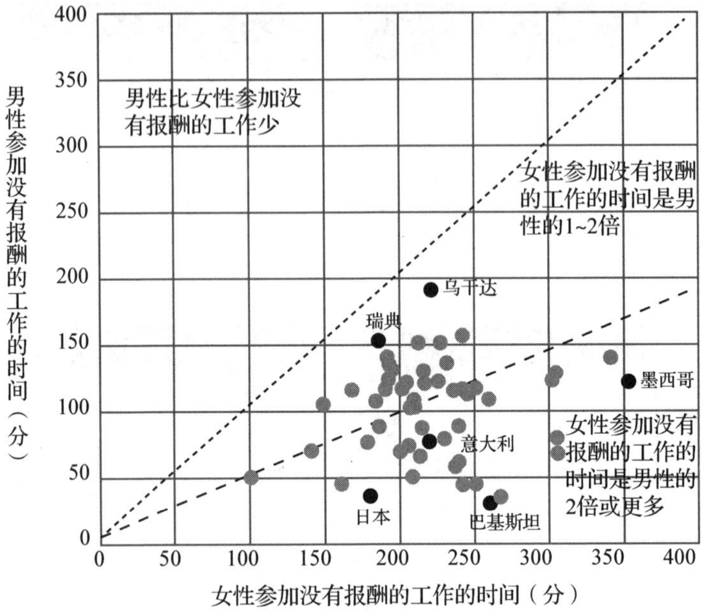

图 4-9　女性和男性参加没有报酬的工作的时间

注：采用 1999—2013 年可用的最新的数据。

资料来源：UNESCO，*Global Educational Monitoring Report 2016*：*Gender Review*，UNESCO，Paris，2016.

(三)国际发展的优先领域

1. 国际议程的目标

性别平等议题的确立始自 1948 年的《国际人权宣言》。1979 年的《消除对妇女一切形式歧视公约》(*The Convention on the Elimination of All Forms of Discrimination Against Women*，CEDAW)以及 1995 年的《北京宣言》和《行动纲领》加强了对性别平等这一议题的倡导。在 2030 年联合国可持续发展目标中(Sustainable Development Goals，SDGs)，教育和性别平等这两个议题都依然是未来的发展目标，而女童教育在这一战略发展计划中具有重要的地位。与之直接相关的未来发展目标体现在可持续发展目标 4“保证包容和公平的有质量的教育，增加所有人的终身学习的机会”和可持续发展目标 5“实现性别平等，提高所有妇女和女童的自主权”上。除此以外，其还与其他的发展目标，如可持续发展目标 8“经济增长与让所有人都有体面的工作”相联系。

自从1990年的宗滴恩会议之后，女童教育就成为国际发展目标的主题之一。在2000年、2005年和2015年的全民教育(EFA)和千年发展目标(MDG)提出之后，女童教育被继续纳入2030年的议事日程。但是，在国际发展项目中，女童教育很少被优先考虑(Fustos，2010)。在过去的20年里，联合国教科文组织、联合国人口基金、联合国儿童基金会等联合国机构和世界银行以及其他多边组织机构已将性别平等的战略纳入国际宣言、行动框架和政策建议。最近一项调查显示，在全球91个发展机构中，有大约3/4的机构报告把女童教育作为战略性的重点问题(Ackerman，2015)。通过教育努力实现性别平等，并为妇女和女童带来实质性的发展成果是可持续发展的关键。虽然这已经成为国际共识，但是要实现这些愿望，取得更好的成果，还有很多工作需要做。

2. 基于可持续发展目标的战略规划

基于各国提出的发展要求，实现性别平等目标的重点从小学阶段入学、性别均等的指标以及阅读和数学成绩，开始向更高阶段的学校教育以及教育的成果指标转变。在2015年后的发展框架中，教育领域的性别平等更加重视初中阶段的教育、学习的质量，以及学生应该具备的生活与就业技能。在课堂内部和制度文化中，获得性别规范的过程受到更多的关注。全世界大约6亿名女青年挣扎在长期的贫困、有限的教育条件、缺失的健康服务、顽固的社会歧视和潜藏的性别暴力等严峻的问题之中。这部分群体在全球发展议程里显得尤为突出。

对于下个十年，联合国教科文组织的教育项目将促进以下内容的实现：①减少年轻人之间因性别差异带来的问题，性别平等的关注点从小学教育转变到中等及更高的教育水平；②提高教育质量，增强学习内容的相关性，包括采用性别平等的教学方法，消除校园基于性别的暴力，引导教师关注有关社会性别的教育态度的教学实践；③强调学习成果，特别是让青春期女孩和已成年的女性学习者，能够通过教育获得工作和生活的技能。此外，联合国教科文组织支持女性在科学、社会、经济、文化、传播、信息通信技术领域的积极参与和发展。处境不利的年轻女性群体的不同需求和期待应当得到重视。

世界银行强调，在规划支持女性发展的项目时，考虑性别平等各项成果的差异是十分重要的，这些不同之处主要体现在3个方面：人的天赋、经济机会、话语权及代言人。世界银行的性别平等战略特别关注：①从学校到工作的过渡，及其对年轻人(尤其是女童和年轻女性)带来的主要挑战；②女性在科学、技术、工程与数学(STEM)领域上的教育与培训；③儿童的早期保育与教育；④缩小在赤贫人群中依然存在的性别差异。除此以外，其还涵盖了学校教育的第一代问题以及出现的性别平等问题，包括健康、社会安全与保护、择业的限制、财产的所有权与控制受限、男童和男性在性别平等议题中的参与等(World Bank，2015)。

联合国人口基金规划了专门帮助年轻人和促进性别平等的项目，项目聚焦于全面性教育(Comprehensive Sexuality Education，GSE)在世界范围的推广。全面性教育包括如何理解家庭生活、人际关系、文化和性别角色，鼓励批判性思考、清晰明确的沟通、负责的决策和礼貌的举止。它旨在帮助年轻人，尤其是女性青少年，培养自尊和生活技能，来保护自己的身体健康、幸福和尊严。其中，10岁的女童是重点人群，因为她们的教育在这方面滞后的可能性最大。现阶段，从2030议程开始时，10岁女童这一群体大约有6 000万名(UNFPA，2016)。

与此相似，联合国儿童基金会的性别平等计划的目标之一是促进女童初中阶段的教育。除此以外，联合国儿童基金会还在有性别针对性的青少年健康、紧急事件中的基于性别的暴力、消除早婚现象等方面采取了措施。联合国儿童基金会同时还是联合国女童教育倡议(UNGEI)的领导机构和秘书处。联合国女童教育倡议是为那些致力于提高增加女童的教育机会与提高女童教育的质量、通过教育赋权女童和妇女的国际组织搭建的平台。这些组织的工作帮助改善女童的学习成果，减少并消除校园区域内的性别暴力，让更多的女生在完成小学教育之后过渡到更高阶段的学校教育。

一项有关125个从事女童教育工作的国际组织的调查表明，在国际可持续发展目标开始时，有44%的组织致力于性别敏感的教师培训，另有27%的组织关注有性别针对性的课程。新的发展趋向将着重考察教学和课程之中更为广泛的性别关系，以及性别刻板印象的问题(Kwauk, Braga & Fyles, 2017)。

虽然不同的发展机构在投资女童教育的战略规划上各有侧重，但是在该做什么来帮助女童上是一致的。这说明了"女童效应"是促进投资的重要因素。它强调女童和妇女对于解决世界的可持续发展问题十分重要。挑战之一就是如何选择最好的方法来改善女童的教育与发展。

二、国际促进女童教育与发展的投资和有效措施

近年来，国际社会在促进女童的教育与发展上已经找到了一些行之有效的方案。这些有效的措施涉及社会、经济、法律、健康、教育以及其他的相关领域。20多年以来，在国际社会倡导的全民教育和千年发展目标的框架下，许多机构采取了措施来改善女童的教育状况。提高政治意愿、加强体制能力、增加教育投入已经成为许多国家在实现全民教育过程中的必然之选。回顾这些年来所取得的成就和收获的教训，未来发展的议题更加关注平等与包容的优质教育，以及工作和生活中的学习与发展。校园里两性平等的健康与保护问题也受到了国际社会的重视。此外，其还关注不同群体与背景的多样性、教育的相关性，以及男性在性别平等和女性赋权中的参与；在有效的措施方面，尤其强调要通过采取整合的一揽子方案，为女童发展带来由内而外的生命的改变。

(一)强化政策、立法和战略

推行教育改革的政治意愿经常与国际发展的目标有关。多数国家都愿意支持国际社会共同制定的全民教育、千年发展目标，以及

2030年的可持续发展目标。为此，在政策制定与采取战略措施方面进行综合考量，加强对目标实现的投入十分重要。由于世界上很多的家庭和社会并没有认可女童各阶段教育的价值与意义，那么政府在体制层面发挥作用就很有必要了。

在许多国家，政府已经确立了面向全民的义务教育，涵盖小学和中学阶段。义务教育法和免费的中小学教育在全世界推动了学校教育的扩展。这为失学儿童进入学校提供了条件，大量女童因此能够有学可上。在这一背景下，保证所有的男生和女生都能在学校平等地学习，就显得格外紧迫。

具有性别视角的政策倡议通过跨部门的途径来实施，能够产生大范围的、长期的影响。比如，《美国教育法修正案》第9条旨在减少不同教育阶段的性别歧视。立法前和立法后的对比表明，在运动员平等参与的案例中，各项运动的女运动员都有显著增加。在州的层面上，每增加10%的女运动员，能增加女性大学入学率1%，以及增加1%～2%的女性进入劳动力市场(Brake，2010；Stevenson，2010)。

为实现教育上可持续的性别平等，许多国家和地区已经颁布了相关法律。比如，我国台湾地区2004年颁布了《性别平等教育法》。该法案禁止在课程、教学、教具、学校基础设施和环境上存在性别歧视，教师将接受职前和在职的性别平等培训，以增强法律在学校的执行效果。许多重要的倡议战略都涉及性别平等，关于女性权利的政策实施集中在健康、社会保护、社会福利和劳动市场参与等领域，这些对于实现性别平等是非常重要的，能打破不同领域之间的阻碍，使资源分配更加公平，鼓励促进性别平等的集体行动。

(二)降低教育费用，增进教育公平

贫穷是影响女童上学最为显著的顽疾。应对学校教育在经济上的阻碍，是发展中国家十分关切的问题。许多干预措施集中在这个问题上，其中一些如下所示。

1. 私人直接成本和机会成本

教育成本包括：①直接成本，如学费和学杂费；②机会成本，如上课期间的工资和预计收入；③间接成本，如校服、交通、伙食、家长教师协会费用。此外，私人辅导成本也很高。女童对入学成本的改变比男童更加敏感。同样，本地学校(更加贫困)对于成本的变化比非本地学校要敏感。

(1)减免学费

在实现全民教育和联合国千年发展目标的过程中，很多国家为了提升入学率，都实行了全部或部分减免中小学学费的政策。乌干达、马拉维、中国等亚洲和非洲国家的研究指出，减免学费是提升入学率最直接、最快速的办法，对提升女童的入学率效果尤其显著(Essama-Nssah，2011；Filmer，2000；Herz，et al.，1991)。同时，这也被证明是成功缓解贫困家庭入学负担的策略之一。

除了减免学费，政府还应该增大教育财政投入。由于政府面临在教育资源上的挑战，数量的增加可能是以教学质量下降为代价的。此外，要使学生留在学校，政府还需要采取一些配套措施。比如，提供助学金和有条件的现金转账可以帮助降低间接成本。

(2)有条件的现金转账

在过去的20年中，有条件的现金转账已经在世界范围内广泛使用，以提升儿童入学率和改善基本预防保健。在孟加拉国、巴基斯坦和土耳其，女童入学率整体低于男童，有条件的现金转账在缩小这一差距上发挥了作用(Fiszbein，et al.，2009)。研究发现，母亲更愿意将钱用在家庭和女童教育上。因而，一些项目就会以基于性别的目标，把钱转到母亲身上。

许多研究已经证明，有条件的现金转账可以集中提升最贫困儿童的入学率和出勤率。“机会”项目是墨西哥政府20世纪90年代以来脱贫计划的典范，主要关注城乡社区中的贫困家庭，改善儿童的教育、健康和营养状况。至2011年，在拉丁美洲，有条件的现金转账已经在18个国家实施，覆盖1.29亿受益人(Stampini & Tornarolli，2012)。尽管条件和金额上有所不同，每名儿童 5～33 美元不等(The Economist，2010)，但是在整体上对学生和家庭都产生了十分积极的影响。

但是，在教育方面的影响仅限于量化角度(入学率)，在学习成果方面还没有显著影响(Fiszbein，et al.，2009)。提供助学津贴也可以有效地提升入学率，但却意味着更多额外的教育预算，因此政府必须做好承担的准备。

(3)女童奖学金计划

女童奖学金计划提供贫困补偿和优秀奖励，以推动入学率、出勤率和学习成绩的提高。例如，在柬埔寨，每名女童可以获得 3 年每年 45 美元的奖学金(2002 年人均生产总值 300 美元)。如果家里的女儿注册入学、保持及格的成绩，并在一年内缺勤少于 10 天，她的家庭就会收到转账。评估结果显示，尤其是最贫困地区的女童，入学率提升了 22～33 个百分点(Ferreira，Filmer & Schady，2009；Filmer & Schady，2008)。

在肯尼亚，女童奖学金计划对达到肯尼亚政府测试成绩前 15%的六年级女童提供优异成绩奖学金。获得奖学金的女童将会得到 6.4 美元的学费补助和 12.8 美元的家庭补贴。这些经济支持由学校直接支付给家庭。该政策从整体上积极地提升了学习的外在条件。这改善了学生和教师的出勤率及其在校表现。项目还明确了无论是正式的还是非正式的，只要在当地家长问责和参与的情况下，奖学金都是非常有效的方案(Friedman，et al.，2016)。另外，影响力评估(Duflo，Dupas & Kremer，2015)表明，教育补贴可以减少女童辍学、怀孕和早婚(很遗憾不能减少性传播感染)等问题，进而改善这些外部因素对教育造成的不良影响。

在巴基斯坦旁遮普省，助学金帮助女童入学率相对提升了 9%。这一影响力评估表明，在提升女性入学率上，项目的效果非常显著。另一项重要的发现是，助学金计划尤其有利于最贫困家庭儿童的发展(Chaudhury & Parajuli，2006)。

2. 投入资源改善学校供给

上学的距离问题对女童尤其重要。偏远地区的儿童也需要距离更近的学校。对此，减少学生住处与学校的距离是主要的采用方案。为了使上学更加容易，许多国家的政府已经在学校基础设施上投资，从而缩短学生住处和学校的距离。在学生住处与小学的平均距离上，各国之间存在较大的差距——从孟加拉国的 0.2 km 到乍得的超过 7 km；在与中学的平均距离上，各国之间的差距更大——从孟加拉国的 1.8 km 到马里的超过 71 km。因此，保证学校建设在学生住所附近的地方就是解决的措施之一。如果一位教师需要在同一间教室教授不同年级的学生，就采用复式教学的方法，这是保证偏远贫困地区的教学需求的一种有效方式（Chi，Colbert & Velez，2017）。

3. 儿童友好型的基础设施

儿童需要长时间在学校生活，友好型的基础设施是学校教育扩展的需要。为女童提供友好型的生活设施，对女童的在校生活尤其重要。关于学校基础设施的研究表明，学校基础设施的改善有助于提高入学率、学生出勤率、学业完成率，以及增加学生的学习兴趣和激发教师的工作动力(Chi & Velez，2016)。在贫穷的农村地区，儿童友好型的基础设施投资相对较少，因而改进之后带来的效果往往更明显。关于女童友好型的生活设施的研究表明，与普通学校相比，具备这些设施的学校不仅提高了女童的入学率(从 27%提高至 50%，提高了 23%)，还在女童的学业成绩上提高了 0.35 个标准差(Kazianga，et al.，2013)。

4. 失学儿童的弹性学习策略

尽管在过去的几十年中，没有接受小学教育的女童数量已经减半，但世界上仍有 2.64 亿名失学的儿童和青年。小学失学比率的性别平等指数(GPI)从 2000 年的 1.31 下降至 2011 年的 1.11，初、高中教育的指数为 0.9～1.03。可见对于男童、女童来说，失学的可能性是相同的(UIS，2017)。低收入国家的失学儿童数量是最多的。对此，除了采用包容的经济措施和教育政策来解决相关的阻碍问题外，还有必要在正规教育系统之外，提供弹性的非正规教育。弹性学习策略包括非正规教育、加速学习、同等条件教育项目、弹性的学制，替代式学习和补充式学习。这些方式的教育项目可以在任何教育阶段开发和应用。

联合国教科文组织一直支持建立非正规小学教育项目（NFPE）和非正规中学教育项目（NFMSE）。以缅甸为例，根据联合国教科文组织统计研究所的数据，为缅甸失学儿童设计的非正规小学教育项目在2014年惠及284 278名失学儿童（占全国人口的5.50%）。这些学生在完成非正规小学项目以后，能够进入正规初中或者继续在乡镇的非正规中学项目中学习，之后毕业生还能够进入正规高中学习或者直接就业。这种可选择的二次机会制度，对即将直接进入就业市场的边缘儿童和青少年来说至关重要。

同时，他们能够通过灵活的升级制度、模块化的课程、学生的自我监控机制和形成性评价等，来适应变化的学习节奏和学习进度也是很必要的。惠及500万名儿童，尤其是贫困、弱势、边缘和流浪儿童的哥伦比亚新学校运动（Escuela Nueva），就是个典型的例子。关于孟加拉国的一项非正规教育项目的研究还表明，接受非正规教育的学生在学习成绩上并无性别差异，语言（英语和孟加拉语）、算数、科学和社会科学这4门学科，女童的成绩都和男童不相上下（Kevin，2015）。

失学儿童的灵活学习策略不仅为边缘和弱势儿童提供了接受必需教育的机会，还有助于实现在中学阶段的入学和结业上的性别平等。

（三）改善教育质量和学习成果

提供公平包容的优质教育是实现联合国可持续发展目标的核心，也是促进儿童的学习与发展不可或缺的条件。以下主要呈现能够改善教育质量和学习成果的一些干预措施。

1. 优质的早期儿童保育与教育

研究发现，发展中国家的早期儿童发展项目能够帮助适龄儿童做好进入小学教育的准备。这对父母没有接受过学校教育或受教育状况有限的孩子至关重要，因而优质的早期保育与教育是减少贫穷和不平等代际传递的主要干预措施。

高质量的早期儿童教育项目应该多部门协作，提供早期综合发展的服务，包括营养、健康、保护、教育等多个领域。早期项目尤其鼓励家长的参与，还特别包含为母亲提供从生产前到孩子出生后直至儿童早期阶段的培训。关于家访的干预措施表明，家访有助于改善亲子互动，增加母亲与儿童游戏的机会，帮助母亲了解影响儿童早期大脑、运动、认知和社会性发展的因素的教育知识。接受过家访干预家庭的子女在成年之后有可能获得更高的收入(Gertler, et al.，2014)。

此外，最近一项在《科学》上发表的研究提出，关于性别的刻板印象可能在童年早期就已经形成。6岁的女童倾向于相信男童比女童聪明(Bian, et al.，2017)。这种价值观念可能来自家长、教师、大众媒体(书籍、电视节目和网站)等。关于幼儿园里师幼互动和同伴交往的研究发现，幼儿园教师反复使用性别化的一日常规，行为中明显反映出性别的刻板印象，在幼儿园的教育过程中传递了传统的性别价值观(Chen & Rao，2011)。这说明，干预方案应该关注早期儿童的社会化，关注由家庭、学校和社会文化背景所构成的生态系统的影响。早期干预具有持久的积极效果，比发展受损以后再弥补的花费要少得多。

2. 教师质量

随着国际上对教育质量要求的提出，教师质量问题受到越来越多的关注。一项巴西的研究证据表明，好学校教师的教育程度更高，教学硬件设施更完善，而这些与学生优秀的学业表现显著相关(Harbison & Hanushek，1992)。

教师入职前和在职期间接受性别敏感的培训，可以有效地减少学校教育中的性别不平等现象。对于教师来说，在进入教室上课之前，了解有形和无形的性别刻板印象非常重要。因此，性别敏感培训应成为获得教师资格证书的先决条件。高质量的教学培训应该能够帮助教师反思自身对儿童的性别态度、感知和期待，并在教学实践中运用多样化的教学和评价方式。

基于不同项目的成果，研究发现，教龄、教师支持和教师动机等因素与各个年级的学生学业成绩和进步都有关系(Hanushek & Rivkin，2010；Chudgar & Sankar，2008)。然而其他的因素，如教师工资、资质证明，与学生学业成就的联系很小，可能是因为这些因素与教学质量和实践教学知识的联系不大(Hanushek & Rivkin，2004)。

另一方面，有关教师效能的研究发现，高效教师有一些共同的特征。而且，这些特征并不是由培训获得的(Matthew & Peterson，2011)。研究强调了以下这些特征的重要性：①教师的态度，如备课、创造性、职业归属感；②师生关系，如教育期待、公平、尊重、同情心、对个体的关注；③教师个性，如积极、幽默、大度、能承认错误(Walker，2008)。教师的性别与学生的学业表现没有显著联系，在数学成绩上也是如此(Warwick & Jatoi，1994)。

关于女性教师的研究表明，女性教师能够为女童树立榜样，关注女童友好型设施的配备，提供有关女童健康的实践知识，还可以在一定程度上保护女童，减轻家长对教师道德和女童身体安全方面的担心(Kirk，2006)。

但是也有研究指出，在低年级的教师中，女性占的比重明显偏高。这主要与女性是照顾者的性别观念有关(Drudy，et al.，2005)。如图 4-10 所示，在大多数国家和地区中，女性教师在教职员工中所占的比例从学前教育阶段到高中教育阶段依次下降。

3. 有性别针对性的教学方法

优质的教学应该体现女童的实际需要。有性别针对性的教与学强调具有性别意识的教育过程和课堂实践。值得注意的是，调查发现，在 28%的课堂中有不恰当的和性别歧视的语言出现(RTI International，2015)。由非洲妇女教育学家论坛(FAWE)倡导和实施的有性别针对性的教学模式(gender responsive pedagogy)，就是专门解决课堂教学中的性别问题的干预方案。开展有性别针对性的教学有助于：①国家和相关机构进行性别评估和政策分析；②教师在知识、技能和态度方面获得提高，从而实践有性别针对性的教学方法，满足男生和女生的学习需求；③支持教师和学校领导创设性别敏感的教学环境，开发相关的管理项目，发展性别敏感的课程计划，完善师生参与的课堂设置，营造性别敏感的校园环境。

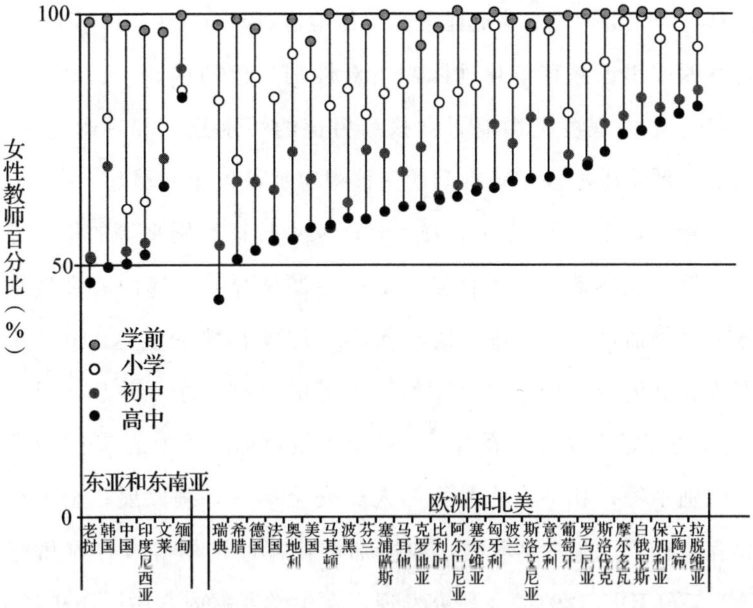

图 4-10　女性教师在教学人员中所占比例

资料来源：UNESCO，*Global Educational Monitoring Report 2016：Gender Review*，Paris，UNESCO，2016.

这种教学模式已经在许多中小学中使用。同时，师范院校教师的培养与培训(TTC)也在非洲其他 19 个国家中进行。马拉维、坦桑尼亚、乌干达、埃塞俄比亚、冈比亚和赞比亚的案例研究发现，通过实施该模式的教学，学校教师的态度和教学行为有所改变。教师开始鼓励女生，帮助她们增强自尊心。这一模式提升了出勤率、保留率，改善了学校环境，还因此增加了对高等教育的需求。由于男教师、女教师和男生、女生在学校管理和领导上拥有平等的参与权，女生和女性教师在决策和管理上的参与度比以前有所提升。女生的领导力、自我效能感和积极的行为方式的建立，对她们的未来发展具有深远影响。

4. 性别敏感的课程

政府部门在制定和批准课程时，要注意课程中可能存在的性别歧视问题。尽管不同的国家有各自的社会文化环境，但是在课程中却有着类似的性别刻板印象。例如，女性的代表性比男性要低，男性和女性都具有固化的个性、家庭角色和工作地位(Blumberg，2007)。学校的隐性课程里也潜移默化地限制了对性别角色的认知。这些不言而喻的信息很大程度上影响了女孩和男孩的性别意识和观念的形成。原则上，课程中的性别歧视问题应该很容易被发现并消除。

尽管在过去的10年中，在许多国家中传播性别平等的信息有所增加，但课程体系中关于性别平等的主题选择、讲述内容和插图设计等内容仍需进一步改进。据调查，在78个国家的多达110个中小学课程标准的资料中，提到了性别平等的只有一半。并且，只有不到15%的国家在课程中整合了可持续发展目标4.7中的5个主题(人权；性别平等；和平、非暴力与人类安全；可持续发展；全球公民与相互依存)中的关键术语，如性别赋权、性别均等或性别敏感等(UNESCO-IBE，2016)。研究发现，在中学课本内容中，历史研究、公民研究、社会研究和地理科学4门学科中有关性别平等主题的覆盖率已经有所改善(Bromley，et al.，2016)。有关于妇女权利章节的教科书的覆盖率，已从1946—1969年的15%提升至2000—2013年的37%。有反对暴力内容，特别是有反对女性暴力内容的教科书，覆盖率从3%提升至18%，如图4-11所示。

在这样的发展状况下，实现变革的必要条件是采用赋能的课程和审辨式对话。这正是灵感(Prerna)女子学校所采用的独特的方法。这个学校的女生针对课程内容以及日常生活中的性别问题，通过思考、谈论和理解的方式来学习。这种方法还拓展到英语、计算机和职业培训中。学校的课程内容、作息时间和活动的安排都是依照学生的需求设计的。结果，这所学校中最为贫困、种姓最低的女生在出勤情况、学业完成情况，以及学业成绩方面，都高于国家的平均水平。现在，印度的 106 所公立学校也采用了这种方法。它不仅可以帮助弱势的女童在学习上取得好的成绩，还能够帮助她们具备提升生活质量的技能(Sahni，2012)。

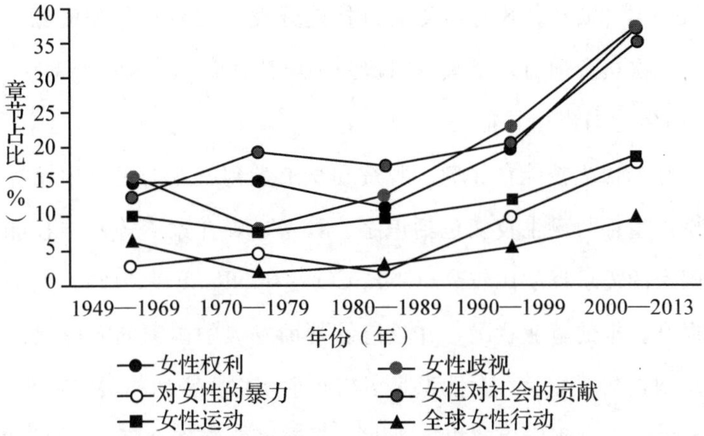

图 4-11　课本中表述女性权利的比例

附：各阶段抽样组大小：1950—1959 年，54 本；1960—1969 年，88 本；1970—1979 年，108 本；1980—1989 年，103 本；1990—1999 年，131 本；2000—2011 年，219 本；2000—2013 年，219 本。关于女性权利和歧视的最新数据到 2000—2013 年，其他数据到 2000—2011 年。

资料来源：Bromley，et al.，2016. 转引自 UNESCO，*Global Educational Monitoring Report 2016：Gender Review*，Paris，UNESCO，2016.

5. 技能培养与工作生活能力

技能和能力，不论是基本的还是可迁移的(transferable)，职业化的还是一般性的，都对社会发展和青少年生活质量的提升起着至关重要的作用。对 21 世纪的人来说，全面发展能力和技能，才可以应对时代的挑战。2016 年的经济发展报告(RED，2016)指出，拥有更多的技能意味着得到一份更好的工作，更高的效率，更健康的身心，更投入的社会活动，更充实的教育，更高的生活满意度等。与正规学校教育不同，技能教育可以从家庭、社区、劳动市场和社会环境的正式和非正式教育中获得。

弱势群体受贫困、性别、地方、种族或残疾等因素的影响，缺少接受正规教育的机会，而技能发展方案为他们提供了第二次机会，帮助他们在劳动力市场立足。世界上很多非政府组织都支持这种培训项目。一项7国的调研评估表明，尽管提升基本技能的培训项目已经覆盖210万名青年，但是这7个国家中仍有约1 500万人的巨大需求(UNESCO，2012)。政府需要通过技能开发方案重新分配资源，提供更多的二次机会项目，以减少因缺失正规教育而产生的社会差距。

(1)生存与谋生技能

生存与谋生技能在保健、脱贫和从上学到就业的过渡中发挥着重要作用。生存与谋生技能包括识字、算术、媒介素养等基本技能，发展中国家的需求程度比较高(UNESCO & UNICEF，2012)。识字教育可以提升基本的就业状况，并且能够帮助发展中国家的人民提高健康水平。调查数据显示，女性识字率与儿童死亡率密切相关。在13个非洲国家中，女性识字率每提高10%，儿童死亡率就会降低10%(World Health Organization，1997)。在全球，掌握基本的读写能力能够提高1 600万人的社会适应和就业能力(UNESCO，2012)。对于因年龄增大而导致的技能熟练性下降的问题，国际成人能力评估项目(PIAAC)的研究分析发现，经常阅读将有助于减轻衰老所导致的技能生疏。

(2)学徒制与职业技能

学徒制和专门的职业技能培训是提升技术职业技能的有效途径。如果将职业培训与健康教育相结合，则会有更积极的影响，女童和青年女性尤其能够从中获益。乌干达有一个项目，在两年内对4 800名女性青年进行了追踪研究。结果发现，受过培训的女性参加创收活动的可能性比没有参加过培训的女性高出7个百分点。并且，她们对自己的身体和与男人的关系也都能够更好地把握(Bandiera，et al.，2017)。将技能培训与小额信贷创业项目相结合，还可以加强传统学徒制项目的效果。例如，在印度和塔吉克斯坦，项目的结合就显著提高了农村妇女的就业率(International Labor Organization，2011)。

(3)可迁移的技能

除了影响力评估的证据外，调查显示，在152个国家的官方教育文件中，交流、创造力、批判性思维和解决问题是最常被提及的能力与技能。这些技能对教育水平、失业倾向、薪资水平、生育情况、吸烟行为等有直接的影响(Cunha，2010；Cuesta，et al.，2017)。在面对社会的挑战时，社交能力、毅力和自尊心可能比学业成就更加有用。在高等教育的入学率和完成率上体现的性别差异，也和不同性别的可迁移技能的差异有关(OECD，2015b)。

还有一些研究涉及信息素养、媒介素养、信息通信技术素养方面的技能。发展中国家多年来一直倡导教育与技术的一体化。已有证据表明，手机的使用提升了农村女童的识字率，并增加了她们访问社交网络的频率(Beltramo & Levine，2012；Cummings & O'Neil，2015)。然而，考察计算机辅助学习在改善儿童学业成绩上的影响后发现，项目的效果取决于实施的质量和参与教师的水平。到目前为止，研究文献表明计算机辅助学习或教育信息技术，不一定能对学生学习成绩起到积极的作用(OECD，2015b)。

(4)领导技能

提高女性的领导技能有助于提升妇女和女童解决问题和做决策等多个不同方面的能力。对于弱势和边缘化的女童，这是一个重要的赋能措施。领导能力的培养有助于女童提升内在力量、提高抉择能力，以及对歧视的应对能力(Rowlands，1997)。

很多研究总结了各种培养领导技能的方法，其中也包括应用信息和通信技术培养领导能力。一些女性领导力的提升途径如下：①针对成功女性领导人的研究强调，童年和青少年期间获得领导经验非常重要(O'Neil，Plank & Domingo，2015)；②运动和课外活动可以提升女童的领导能力，国际救助贫困组织(CARE)在孟加拉国的女童领导力项目中发现，实验组里有75%的女童认为自己具有领导力，88%的女童在做决定前会从不同角度考虑问题，56%的女童做出影响他人的决策，而对照组的结果分别为31%、71%和31%(Eschenbacher，2011)；③动手实践和学习思考是提升领导能力的有效途径(Eschenbacher，2011)；④男性的支持，在此方面，温暖、接纳和开放的沟通尤其重要，这是预测孩子自尊和领导能力的重要因素(Jang，2015)；⑤信息和通信技术创造联通的世界，利用信息技术可以帮助受地理位置限制的女性和女童获得更多的外界信息，增加她们从事公共事务的机会(O'neil，Plank & Domingo，2015)。

(5)教学和评估的限制

然而，在课程和教学政策中具体说明非认知技能的证据十分有限。这也表明，课堂中的证据同样很少。最重要的是，有关非认知技能的评估差强人意，局限性很大(Tedesco，Opertti & Amadio，2014)。佩珀(Pepper，2011)的研究发现，欧盟国家的技能测评基本上侧重于认知层面，很少有非认知能力的测评。这显示出了各国在教育系统中整合和实施非认知能力评估的潜在可能性。

6. 健康安全的学习环境

(1)改善健康的措施

发达国家和发展中国家的研究一致表明，学生的学业成就与身体健康条件相关。在发展项目的评估中，针对健康状况的评估一直是研究的焦点。调查发现，在90项影响技能发展的评估研究中，有2/3的研究是关于健康的，如图4-12所示(3ie，2016)。有关健康的研究主要集中在HIV病毒、艾滋病、性和生殖健康等方面。

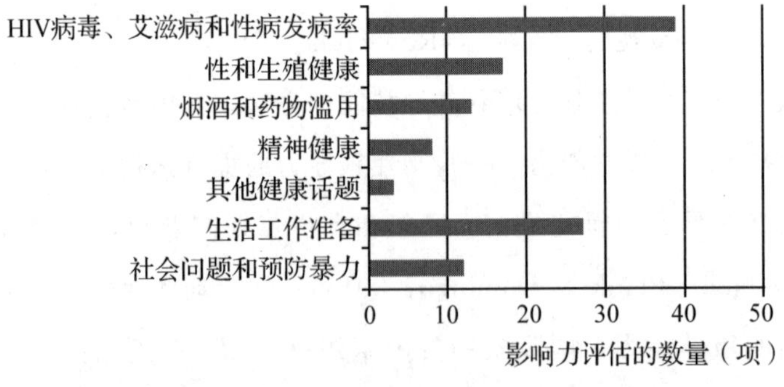

图4-12 有关中低收入国家青年可迁移技能项目的评估证据

资料来源：3ie，"Evidence on the Transferable Skills Projects for Youth in Low and Middle-Income Countries". *3ie Evidence Gap Map*，2016，http://www.3ieimpact.org/media/filer_public/2016/09/19/youth-transferable-skills-policy-brief.pdf.

健康和保护领域的项目通常会明确强调男性成人和青少年的共同参与。比如，南非的“男人伙伴”(MAP)项目，就是加强男性在承担生殖疾病预防中的责任的。该项目通过专门设计的课程，让男人认同男女平权，认同殴打妻子是违背常理的。同时，帮助男性接受并且更好地利用生殖健康服务(Gupta，et al.，2003)。

针对青少年健康和艾滋病毒预防的教育是联合国于2001年发起的。在柬埔寨，政府在中小学教育中融入了生活技能和艾滋病的教育。结果发现，学生在知识的掌握和行为的改变方面，效果并不显著(World Education，2012)。在缅甸，学校开展的健康生活和艾滋病预防教育(SHAPE)已经覆盖到2～9年级7～15岁的1 276 332名男生和女生(UNICEF，2001)。尽管取得了一些进展，就目前所掌握的数据来看，亚洲国家仍然有一半以上的男生和女生缺乏艾滋病毒传播和预防的知识，如图4-13所示(UNAIDS，2012)。由艾滋病毒所导致的健康危险、社会歧视、群体压力以及性与生殖问题已经成为青少年乃至教师被学校排斥的主要因素。这一现实说明，要通过改善教育真正在人的观念和行为上带来改变，还有很长的一段路要走。

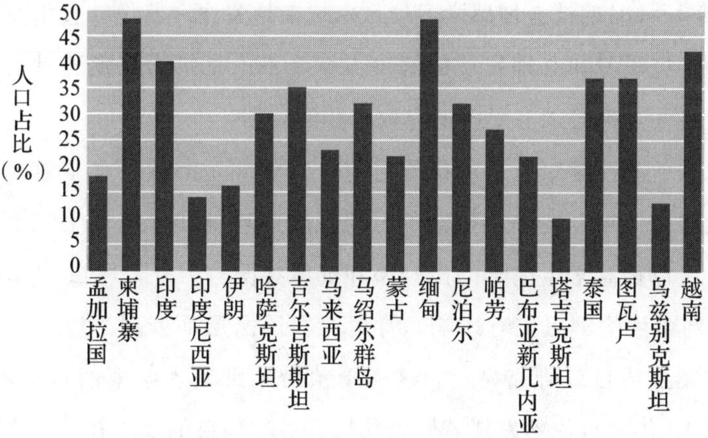

图4-13　亚洲15～24岁青少年知晓艾滋病毒传播和预防知识的人口比例

资料来源：UNESCO Bangkok & UNICEF，*Asia-Pacific End-of-Decade Notes on EFA Goal 3*，Bangkok，UNESCO，2012.

关于心理健康问题的评估在健康领域相对较少。拥有幸福的感受和健康的心理对于处境不利的儿童和青少年来说是个重要的问题，而且在赋予女童权利方面尤为重要。诸多研究表明，具有优秀的社会情感能力的学生，较少表现出抑郁、侵略性或破坏性的行为。同时，还表现出更为稳定的自我价值感、良好的行为规范、积极的同伴关系。这些学生在进入初中和高中之后与学校的联系更紧密，对课业任务更加专注，学习也更有动力(Vanlede，Little & Card，2006；Brackett & Mayer，2003；Blum & Libbey，2004)。

近年来，一些包括社会情感学习的干预手段已经用于改变学生的某些特定的行为，改善课堂的互动以及学校的环境与氛围。比如，联合国儿童基金会将男生和女生在社会情感方面的学习引入儿童友好学校的网络之中，并正在逐步将这一项目活动发展成为广泛倡导的教育策略。在一项研究中，研究者考察了 6 个有效的社会情感学习项目(SEL)，结果发现项目平均的经济回报是每投入 1 美元，就有 11 美元的收益。项目的长期收益包括青少年犯罪的减少、收入的提高，以及心理和身体的健康(Belfield，et al.，2015)。随着国际上对全民学习的倡导和学习领域投资的迅速增长，人们对循证(evidence-based)的社会情感学习项目也越来越关注。要把社会情感学习作为促进学习和心理发展的解决方案，不论是扩大规模还是提升到政策层面，都必须有更多的有效实践的证据。

其他一些健康干预的措施对减少失学儿童的数量也很重要。在贫困地区，培养洗手和清洁的习惯，改善环境和个人卫生的干预措施，可以提高学生上学的出勤率和健康状况。另外，驱虫(deworming)与学生的学习也有影响。肯尼亚在国家层面开展了以学校为单位的驱虫项目。研究显示，这一干预措施带来入学率的持续增加，甚至 10 年之后依然发挥着影响作用。参加项目的女生在长大之后进入中学的可能性增加了 25% (Baird，et al.，2016)。这个项目已经扩大，2015 年时惠及的儿童超过了 600 万名。

(2)安全和包容的措施

研究发现，学校的介入可以减少基于性别的暴力。校园里与性别相关的暴力包括生理、心理、性暴力和欺凌，并且经常与缺勤、辍学、表现不佳、缺乏自尊，以及其他长期的问题和风险相联系(UNESCO，2016c)。每年，大约有2.46亿名年轻人经历校园暴力和欺凌。据统计，在亚太地区，因此而付出的健康代价相当于年度国内生产总值的1.40%～2.50%。在中低收入国家，估算的经济成本是170亿美元(UNESCO，2017)。

澳大利亚、智利、芬兰、墨西哥、秘鲁、瑞典和韩国等国家已经通过立法来解决校园暴力和欺凌的问题。随着网络暴力的快速增长，针对女生的网络暴力迅速增加，澳大利亚、新西兰、菲律宾、美国等国都专门为此制定了法规。但是，在教育部门，相关的政策和指导方针仍然相当有限。关于教育机构应该如何应对这一问题，亟须教育部门给予更多的指导(UNESCO，2017b)。

学校安全的学习环境可以保护全体学生，还能够显著提高女生的出勤率。为此，加纳和马拉维开展了安全学校项目，希望建立起对男生和女生都安全，并且人与人相互尊重的学习环境。保障安全的学校环境涉及社区组织、教育部门、当地的具体条件和国家整体的社会福利状况。此外，项目还修改了教育机构中“教师的行为准则”。结果，在一个月内的项目活动后，知道自己有权利对不想要的身体触摸说“不”的学生数量从66%上升至72%；由报告得知的校内或上学路上的暴力行为从43%下降至39%；教师自我报告的学生体罚次数从86%下降至44%(Swanson，Columbia & Banashek，2007)。此后，这一学校干预方案被推广到了多米尼加、塞内加尔、也门、塔吉克斯坦和刚果，使更多的年轻学生受益。

在学生之间建立起相互宽容、和谐非暴力的关系，并为教师提供性别敏感性培训也同样重要。关于联合国人口基金倡导的全面性教育(CSE)的研究表明，全面性教育在世界范围内对儿童和青少年期的男孩和女孩都产生了积极的影响。在尼泊尔、埃塞俄比亚等国家的实证研究，以及在荷兰、印度、印度尼西亚、孟加拉国的评估结果，证明全面性教育能够构建：①积极的性别角色和性别规范，包括歧视行为的减少、家务分担的增加、对女童教育的支持，以及对早婚的反对与抗争；②积极的性别态度和自我效能感，包括自我保护能力、困境管理能力、性行为的自主选择等；③性别公平的关系，包括学生之间的相互包容，关于性、人际关系和性虐待的更多的了解。由于学校和教师成为提供这些信息的来源，全面性教育还促进了学生对教师和学校的感情。

另有研究显示，增强教育公平和教育质量也是健康和保护问题的解决办法。教育质量的稳定和学生成绩都与学校性别暴力有关（UNESCO，2012）。此外，学校还可以通过建立转诊系统（referral systems），把儿童、青少年问题与专门的健康与保障机构的服务联系起来。

教育模式应当适合青年人的生活经历。学校也要和其他的服务系统合作，如卫生保健、健康保护、福利机构等。这些对儿童和青少年期男孩和女孩的成长和发展都是非常重要的。

7. 父母和社区的参与

如果教育项目得到父母和社区的积极参与，男童和女童将获益更多，教育效果也会更广泛。儿童早期发展尤其强调亲子关系和家庭社区环境的重要性。联合国儿童基金会在约旦开展的“更好教养方式项目”（Better Parenting Project，BPP）邀请了13个希望为儿童提供全面照料服务的国内合作伙伴参与，他们通过成功建立合作联系网，实施共同管理。在这个项目中，来自200多个社区服务中心的超过13万名儿童照料者学到了合理育儿的知识。项目评估发现，每个孩子的平均花费只有3美元。其中的一个抽样小组的结果显示，在培训之后，对于孩子做错事的问题，父母会以同样的方式对待男童和女童的比例从4%上升至98%（Al-Hassan，2009）。以社区为中心的家长教育是一种低成本、有实效的方式。对于那些一般项目难以惠及的儿童，特别是女童来说，项目的可及性和有效性尤其明显。

父母的教育机会受限，在一定程度上与上一代教育条件的不平等有关。而教育程度有限的父母，更加缺乏家庭环境的支持。研究表明，家访可以深入了解到弱势人群面临的问题以及潜在的危机。牙买加的儿童照料者项目就是一个范例。这一项目为贫困农村中0～3岁孩子的父母提供营养、健康、卫生、安全、育儿等方面的支持，特别为家长教育期待中隐含的性别问题提出建议，这显著改善了儿童早期在家庭成长环境中的社会性发展(Powell，et al.，2004；Roopnarine，et al.，2005；Barlow，et al.，2007)。

社区参与直接影响到女童的学习。印度尼西亚有个研究比较了两种学校改进方案，一种是改革现有的学校委员会，另一种是促进学校委员会与社区利益相关方的联系。两年之后，促进社区利益相关方参与的项目表现出了对学生学习的积极影响，学生测验的平均成绩提升了0.17～0.22个标准差，女童的数学成绩提升了0.11个标准差(Pradhan，et al.，2014)。研究还发现，社区动员的项目通过动员家长，有效地促进了学校的问责机制(Save the Children，2013)。

针对非洲16个国家的研究文献表明，社区学校可以提升入学率和保留率，降低辍学率，并且改善学习的状况(Miller-Grandvaux，et al.，2002)。此外，科特迪瓦的社区学校还通过社区网络和社区领导的支持，保护学校教育免受社会动荡的侵害(Thompson，2014)。

赋权女童的社区项目为女童提供非正规教育。通过这些项目活动，女童有机会锻炼在课堂和会议中大胆发言的能力，谈论她们的未来和家庭的幸福。社区学习中心(CLCs)带领成年人开展扫盲项目，大幅提高了女性的识字率。一项尼泊尔的研究表明，社区学习中心明显有助于赋权妇女。社区学习中心的活动带领农村妇女走出家门，参与各种教育项目，同时也提高了她们对子女教育的兴趣，尤其增加了对女童教育的关注与支持。

家长和社区的参与度关乎项目实施的效果，以及项目的所有者是谁。项目的参加者要把项目任务作为自身的发展需求，主动参与，自我管理，积极地完成改变，这一点十分重要。这是女童教育可持续发展的关键环节。

(四)整合多种方案，完成人生转变

女童教育的问题远远不只是入学与教育质量的范畴。它的影响会贯穿女童的一生。女童要通过教育获得人生的转变。如果只是针对一个或两个教育薄弱的方面采取措施，往往收效甚微。这是从很多教育项目中得出的教训。比如，由于产生了额外的开销和管理费用，缩减教育费用项目没能减少家长的教育成本；因为缺乏文化敏感性和社区的支持，已经验证过的方法也可能会失去它的有效性和持续性。由于这种改变常常需要应对深层的、相互影响的社会和文化问题，如地理位置、财富、歧视、暴力、排斥等，因此相对于单一的干预方案，全方位综合“整体打包”的方法越来越受到重视。研究表明，综合的干预才能够达到最优效果，尤其是对于较为贫困的发展中国家来说(Herz, et al., 1991; World Bank, 2015; Taylor & Pereznieto, 2014)。

1. 性别视角的系统性变革

性别视角的系统性变革对于加强男、女童共同发展的教育和社会系统至关重要，是政策宣传、项目开发、预算过程和证据研究中不可或缺的部分。基于对多边机构、双边机构、基金会和企业开展的教育与发展项目的调查研究，近期的项目资助策略(Ackerman, 2015)强调：①聚焦女童并在社会发展中促进性别平等主流化；②通过跨领域途径支持教育，并解决就业和扶贫问题；③关注某些地理位置的特定群体和某些专题涉及的课程及特定年龄群体；④重视组织机构初期阶段的发展；⑤对教育和赋权的研究。这几个方面与影响高需求群体的有效措施相类似。

正如前面所言，能够带来系统变革的有效干预方案通常包括，积极扩大宣传、展示长期效果、复制成功模式、推动主流化，以及在不同背景下扩大影响力规模等一系列行动。拿 FAWE 项目来说，为了宣传教育质量和性别平等，他们特别针对非洲女孩的教育发起倡议，经历了从提倡女童教育到推动政策影响，从普及初等教育到转变课堂教学，从只关注女童到促进男童参与，从采用单一的干预措施到形成赋权、教师培训和学校发展的整体改变模式。让怀孕女生和年轻妈妈继续接受教育等政策措施，已经得到撒哈拉以南非洲地区 13 个国家的认同。在教育部门和基层组织的共同支持下，多项干预措施已经在不同的学校和国家形成规模。这些有效措施主要包括具有性别针对性的教学方法、基础设施、学校管理和经费分配；处罚早婚和性骚扰；以生活技能来赋权女童。

研究表明，针对性别和权利的干预措施在性传播疾病和减少意外怀孕的概率上可以有效减少 5 倍(Haberland，2015)。《一门整合的课程》(*It's All One Curriculum*)综合了文化规范、政治背景、在性的权力上不平等的社会关系，以及性与生殖健康教育等方面的内容，已经在至少 150 个国家被广泛使用。

在政府资金的支持下，从科研项目中发展而来的反校园欺凌及网络欺凌项目，已经在芬兰 90% 的学校中实施，包括预防、干预、监测变化和学校反馈等措施。大量评估结果显示，2009 年以来，全国有关欺凌伤害的比率正在降低。此项目已经在 20 多个国家实施(Bilic，2016)。

国际计划组织(Plan International)“无恐惧学习环境”(Learn without Fear)运动，为系统变革措施提出了 7 项计划(UNESCO，2017a)：①与政府合作，通过法律反对校园暴力；②与合作伙伴合作，加强对受到校园暴力影响的儿童的报道，并宣传秘密儿童热线的建立和扩展；③认识到儿童和年轻人是学校发展策略和解决校园暴力问题的重要参与者；④与政府合作，完善数据采集系统，并对确定的校园暴力规模和严重性进行研究；⑤确保政府和国际组织有足够的特定资源来解决校园暴力问题；⑥与联合国机构、多边赞助方、开发银行和国际非政府组织一起倡导，增加政府对于应对校园暴力的支持；⑦与学生、家长、学校教职工、教育部门和社区合作，把暴力行为赶出校园。这项运动已经在 44 个国家实施，其中有 33

个国家的报告表明这些措施增加了教育工作者非暴力的教育实践行为。最重要的是，在 44 个国家中，有 27 个国家建立了男、女童暴力报告机制。此外，36 个国家提供医学支持，28 个国家为受到影响的孩子提供专业咨询服务。

2. 加强关系网络和合作关系

这其中包括国际、区域、国家、地方层面的教育及其他方面的合作关系，通过有效途径和信息传播与基层组织、学校、家庭、社区之间构建的网络，还包括男、女童在提升性别平等教育中的参与。

在国际层面，有联合国各机构和如妇女与性别平等机构之间构建的网络(IANWGE)、女童教育计划等机构组成的国际网络。它们提出了全球性计划来促进女性和女童教育与性别平等，尤其是给所有男、女童赋权。发起于 1993 年的 9 个人口大国[①]全民教育计划(E-9)把女童、妇女的教育和权利置于最优先的地位。这 9 个当时文盲率最高、人口最多的国家组织起来形成协调机制，推动各国政府实现承诺，采取措施让女童上学，支持女性和青年的扫盲和技能发展。在巴西、中国和印度尼西亚，政府的教育支出比例已经超过世界平均水平，但这 9 个人口大国还都没达到教育支出占国民生产总值 6％和占政府财政支出 20％的标准线。为争取实现 2030 年的可持续发展目标，应有大额资金为教育质量的改善提供优先保证。

在国家和地区层面，也有跨机构的合作。例如，在尼泊尔联合国女童教育计划网络的帮助下，2004—2009 年，女性教师的数量、女童在校人数和女童升学比例都有所上升，复读率和辍学率有所下降(Dillibazar，2013)。为了提升女童的学习成果，女童教育挑战项目(girls'education challenge)帮助 17 个参与者提升了学校教育质量。让女童学习(let girls learn)计划提倡女童的主动性，并传播基层组织工作。

在地方层面，社会组织在基层实践，实地创新。例如，在孟加

---

① 9 个人口大国是指孟加拉国、巴西、中国、埃及、印度、印度尼西亚、墨西哥、尼日利亚和巴基斯坦。总人口达 38 亿人，占世界总人口的 52.90％。

拉国，大约220万名农村女性参与小额贷款机构的工作。这些非政府组织帮助农村的男孩和女孩获得上学和就业的机会，实实在在地反映了女童教育带来的良好回报(Lewis & Lockheed，2007)。

建立公私合作伙伴关系(PPP)通常有助于弥补政府金融、制度和管理的局限性。一般有6种模式：教育服务交付计划、非国有公立学校的管理、教育券、专业支持服务、基础设施服务和慈善活动(Larocque & Lee，2011)。像前面提到的国际救助贫困组织和孟加拉国农村发展委员会，也都是公私合作的组织。

学术机构和专家在促进性别意识和推动女童教育发展上发挥着关键作用。有的机构拥有专门的研究中心，如剑桥大学公平参与和学习研究中心(Cambridge University's Research for Equitable Access and Learning Centre)，专门开展相关研究项目。有的为学者交流提供资助，如支持女性和儿童发展的布鲁金斯学会(Brookings Institution)和美国大学妇女协会(American Association of University Women)。获得资助的学者来自世界各地不同的学科领域，致力于当地的学校和社区发展。他们用才智、创造、努力和奉献拓展新的路径，为解决全球女性面临的教育和社会障碍贡献力量。在发展中国家，引领着性别意识进步的往往是某些个别的专家。这些像种子一样的专家资源，为在当地发展背景下开展具有性别视角的评估和性别平等的倡导提供了专业支持。

同伴辅导和咨询的方法在促进健康生活方式，为男童和女童提供支持和保护方面十分有效。在日本，同伴辅导用于解决因学生的社会排斥而遭受欺凌这类问题。同伴对同伴的青年网络(peer-to-peer youth network)是专为青少年设计的支持平台，它通过社交媒体和新科技向年轻人传递健康信息，尤其是为女性提供支持。这个平台通过"青年对青年"的方式扩展，产生影响力。在交流互动中，女生可以学到怎样在某些情境下做出决定，坚持或拒绝她们想要遵循的准则和价值观。

利用合作伙伴关系在个体、地方、国家、全球层面构建网络联系，可以改善人际和组织间的关系，加强沟通和联系，使机构能力得到最大化的发挥，提升对女童和男童的支持。

3. 监测与评估教育中的性别平等

在许多国家关于有效措施的文献里，大部分有关女童的项目缺乏恰当的评估结果，而由独立机构完成的评估更为罕见。我们在此做的研究分析基本上是以严格的评估和实证研究结果为依据的。值得强调的是，监测与评估在任何干预方案中都是十分重要的组成部分。评估可以为政府、发展机构和私营部门提供哪些措施有效、哪些措施无效的证据反馈。这样，在解决教育中性别不平等的问题和挑战上，才能够做到有的放矢。

研究人员一直在完善具有综合性和一致性的指标，来监测与评估教育中的性别平等问题。一般来说，在监测全民教育的发展状况时，常用到性别平等指数来表示女童总入学率与男童总入学率的比值。性别平等指数可以反映女童在学校教育入学不平等问题上的困境。还有一些前面讨论过的重要指标(对男童和女童而言)，包括初中保留率、小学最后一学期的入学率、各教育水平的学生数量与比例、各学科各年级的学生数量和年终学业测试成绩。

性别发展的一个关键指标是性别不平等指数(GII)。该指标于2011年提出，已经被159个国家所采用。它由1995年提出的性别发展指数(GDI)和性别权力指数(GEM)发展而来，并与人类发展指数(HDI)共同使用。除了人类发展指数中包含的出生时预期寿命、受教育年限和人均国民收入以外，对于教育不平等的监测内容还包括以下3个方面：①生殖健康，以孕产妇死亡率和青少年怀孕的出生率测算；②赋权，以女性和男性的议会席位、女性和男性人口中至少接受过中等教育的比例测算；③劳动力市场的参与，以女性和男性劳动力参与率衡量。2006年提出的全球性别差距指数(GGI)，在深层次上反映出男性和女性在健康、教育、经济、政治4个领域上的差距。

2016年的全球报告综合了144个国家全面的数据结果。全球报告中有关学习的指标主要指学生的阅读、数学、科学指标以及一些促进认知发展的因素。这些监测结果的收集通过国际测试进行。目前，广泛采用的监测与评估包括学生评估项目、国际数学和科学研究、国际阅读素养进展研究项目(PIRLS)、联合国教科文组织拉美地区区域比较和探索性研究、东非南非教育质量联合监测(SACMEQ)等。一些国家参考这些教育监测指标的分析结果，把国家政策、评估实践和课程标准整合起来。

在开展认知能力发展评估的同时，越来越多的国家开始在国家课程学习目标中强调非认知能力的发展。虽然在国际测试中，想要完成对这些能力的评估并不容易(Tedesco，Opertti & Amadio，2014)，但是评估非认知能力的部分已经在国际测试中出现。在2018学生评估项目中新纳入了全球胜任力这一维度。在世界银行的技能培训与就业计划中(STEP)也涵盖了非认知能力的评估项目。

关于监测与评估工作还存在一些争议。由于在项目实施中，大多数成果评估都只限于在短期之内完成，很少有纵向研究能够定期评估长期的效果。还有一些批评指出，测评所选取的研究样本可能存在偏差。例如，性别权力指数中就有精英倾向，容易偏重评估那些受过教育又有经济优势的女性。现有的评估很少采用三角互证(triangulation)的研究设计，那么就难以通过不同途径校正信息来源，也不可能根据不同的研究问题采用相应的方法证明研究的结果。另外，部分国家层面的数据往往是无法获取的，这限制了分析的范畴，尤其难以开展国际的比较分析。

随着2030年可持续发展议程的实施，新的各项目标需要更多的指标，以及相应的强大的机制来监测与评估社会性别差距的趋势特征，以便采取有效的应对和干预方案。除了入学和学习成果的性别平等之外，性别规范、态度和价值观、终身赋权都很重要。下面呈现的系统性监测包含教育性别平等的各种潜在指标，如表4-2所示。

表 4-2 教育性别平等的潜在指标

维度	潜在指标
教育机会	入学注册的性别平等指数、转学和结业比例、学习成果(单独或性别与地区、财富结合)
性别准则、价值观态度 例如，性和生殖健康决策、女性自主与赋权、家庭暴力、家务开支	20～24岁人口中，在18岁之前结婚的比例； 20～24岁女性中，在15～18岁之前生育的比例； 同意“高等教育对男孩来说比对女孩更重要”观点的比例； 同意“如果妻子把食物烧坏，丈夫理所应当殴打妻子”观点的比例； 制订家庭计划的决策程度； 赚钱和家务开销的决策程度； 劳动力参与率或就业率； 在政治经济生活中，女性领导的比例
教育以外的制度 例如，反性别歧视法律	宪法是否需要至少一条关于性别平等的条文； 国家是否是《消除对妇女一切形式歧视公约》(CEDWA)的签约国； 社会组织和性别指标结果
教育系统内部的法律法规 例如，保障女性和女童的受教育权	宪法是否保护无性别限制的受教育权； 国家是否有关于教育性别平等的政策
资源分配 例如，教师工资的性别平等、水和公共卫生、培训、学习材料	学校中女性任领导和管理位置的比例； 不同部门和层级保障教师的性别平等； 不同部门和层级在教师招聘上的性别平等； 不同部门和层级在教师工资上的性别平等； 男女卫生间比例； 贫困女生(或男生)享受学费优惠的比例(现金转账、薪资、奖学金)
教学和学习实践 例如，教师与学生对待性别的态度和互动	接受过性别敏感培训的教师比例； 在课程中加入性别平等话题的国家比例(性别歧视、性别角色、性暴力和生殖健康)

资料来源：UNESCO，*Global Educational Monitoring Report 2016：Gender Review*，Paris，UNESCO，2016.

如何使用这些指标是更加重要的问题。对于指标的分析可以将相关研究、政策和实践联系起来，为体系良性运转提供必要的信息。这些指标必须具有实践意义。例如，在教师培训评估中，需要了解什么能够增强教师培训项目的效果，教师在性别问题发展上有哪些可用的策略，还需要让这些指标在教育系统中制度化。例如，国际学业能力测评指标可以在国家层面甚至是地方层级上应用，CSE指标可以用来整合信息，并帮助国家应对教育和其他方面的问题。

在已有文献中，来自非洲、南亚和美国的例证最多，但缺少在其他宗教文化环境下有效措施的相关研究。经济和地理上的障碍由于其他多样性的因素而更加明显，涉及文化、社会、种族、语言学等很多方面。这些多样性的特征在亚洲和太平洋地区尤为明显。若能明确特定社会适用的综合方案，采用适合背景特征的改善措施，从文化层面了解特定干预如何长期行之有效，这些结论会具有独特的研究价值。

三、我国女童教育发展的体制机制建设与本土化有效措施

我国有着独特的政治背景和历史文化。在全国13亿人口中，超过一半是妇女和女童。在响应全球有关教育公平、性别平等倡导的过程中，我国的女童教育取得了令人瞩目的成就。除了在基础教育领域提前达到了国际全民教育框架下的量化指标外，我国还在教育公平与发展的改革中积累了可持续发展方面的本土化经验。这一部分着重分享在制度设计、本土化的有效措施，以及教育之外的配套改革等方面的内容。

(一)背景

我国的教育系统涵盖了从幼儿园到高中约2亿名儿童。随着政治、经济和教育的改革发展，我国已成为世界第二大经济体，并将在2030年成为全球经济的主导者。在国家经济飞速发展的同时，我

国也面临着很多严峻的问题。我国 2015 年人均生产总值排在 183 个国家中的第 89 位，人类发展指数排在 188 个国家中的第 90 位，性别不平等指数排在第 37 位。2016 年全球性别差距指数排在 144 个国家中的第 99 位。性别方面的问题也与城乡差异、社会阶层、少数民族、区域不平等发展问题交织在一起。

近代以前，中国女性极少有受教育的机会。自古以来，女子无才便是德。所谓的“三寸金莲”，带给妇女的是裹足以致畸形，失去正常行走的能力。女性与男性之间没有权利平等可言。中华人民共和国成立初期，我国女性文盲比例超过 90%。从 20 世纪 50 年代起，我国通过扫盲和扩大小学教育，使妇女脱盲，女童有了更多上学的机会。由于倡导女性就业，同工同酬，社会上开始流行“女子能撑半边天”的说法。这为女性和男性获得平等的权利和机会提供了可能。

1. 女童教育与发展状况

教育是一个国家社会、经济、政治、文化发展的基础。由图 4-14可知，至 2010 年，我国基本普及九年义务教育。为来自农村贫困地区、西部偏远地区和少数民族家庭的女童提供教育曾经是实现这一目标的重中之重。在此期间，如图 4-15 所示，我国女童入学的状况彻底改变性别均等的指标(GPI)达到 1.01(UNESCO，2012)。随着城市化发展和市场经济体制改革的推进，我国现有大约 9 700 万名农村留守儿童和外来务工人员子女。他们迫切需要优质教育和社会医疗保障。同时，随着自然人口增长的放缓，独生子女政策导致更多的城市家庭在女儿身上倾力投入。从 1978 年独生子女政策的实施到 2016 年二孩政策的放开，城市女童可以享受到全家人的关爱和家庭全部教育投入。中国特色的社会、经济、文化和人口特征，共同造就了我国女童教育发展的轨迹。

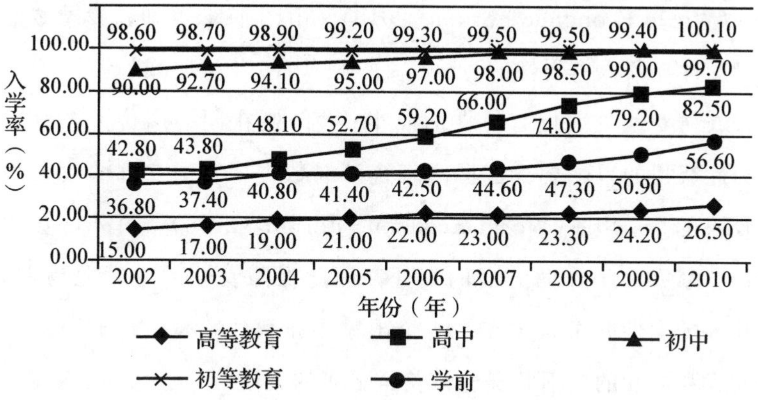

图 4-14　2002—2010 年我国各教育阶段的入学率

资料来源：转引自 UNICEF & UNESCO Office in China，*Achieving EFA and Beyond*：*Education for All in China 2000-2010*，http：//www. unicef. cn/en/uploadfile/2014/0117/20140117052857688. pdf，2013-07-10.

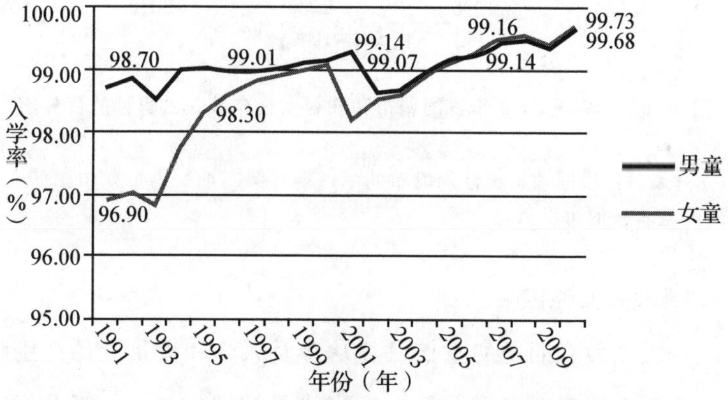

图 4-15　1991—2010 年我国女孩和男孩的小学净入学率

资料来源：根据中华人民共和国教育部官网发布的 1992—2010 年的全国教育事业发展统计公报整理。

如今，随着教育和经济的发展，我国女性劳动力比例位居世界第一(World Economic Forum，2016)。由图 4-16 可知，我国城市和农村女性年收入占男性的百分比 1990—2010 年呈递减趋势。至 2011 年，农村女性收入仅有男性的一半。① 即便在同一岗位上，女性也比男性获得的报酬要少。据国家统计局数据，我国女性的收入是男性收入的 75.40%(World Economic Forum，2016)。另外，女性还承担着家庭和工作两方面的责任，因此保障女性的健康尤为重要。而我国的女性健康状况在 144 个国家中排第 114 位。由此可见，我国女童和妇女的生活状况应该获得更多的关注。

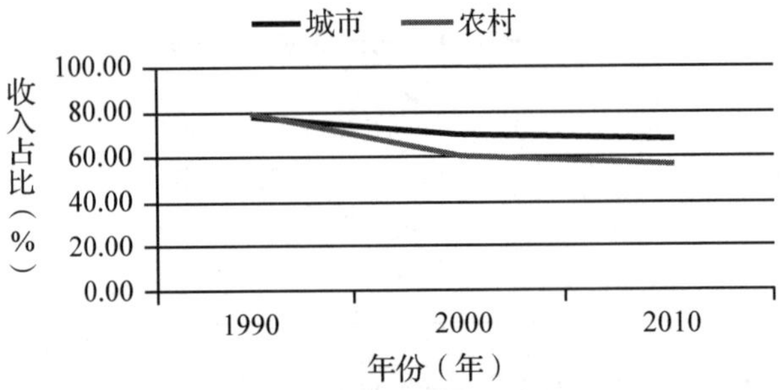

图 4-16　1990—2010 年我国城市和农村女性年收入占男性的百分比

资料来源：根据国家统计局发布的第一期、第二期、第三期中国妇女社会地位抽样调查数据报告整理。

2. 挑战及其原因

我国女童教育问题的重点已经从普及入学和数量上的性别均等转向提高教育质量，以及赋权女童促进可持续发展。尽管女童在教育方面的需求各有不同，但是教育资源欠缺的原因与世界上很多地区都相似。造成性别差异的原因主要与社会经济和文化制度因素相关。

我国的女童教育存在很多方面的问题，具体来说，包括面临贫困、教育投入不足、城乡差距明显、传统性别偏见、人口性别结

① 《中国男女收入差距较大 农村女性收入仅有男性一半》，http：//www.china.com.cn/news/2011-10/21/content _ 23688232.htm ，2018-05-24.

构失衡、社会参与度有限、父母受教育程度偏低、宗教观念束缚、早婚早育习俗，以及在教育过程和结果中隐藏的性别歧视等(Chi, et al., 2014)。

(二)加强体制机制建设

政治意愿是女童教育优先化的必要条件，也是改善女童教育的先决条件。经济和教育的平稳发展，以及自上而下的教育体系，为实现改善女童教育的政治意愿提供了极佳的条件。加强政府管理和制度建设是将女童教育整合到组织体系和财政体系的关键。在有效协调和推动政府部门执行有关妇女儿童的各项法律法规和政策措施上，我国于1990年成立了国务院妇女儿童工作协调委员会，目前国务院妇儿工委协调了33个国家部委和社会团体开展工作。为缩小因地区差距产生的不平等问题，政府颁布的大部分优惠和补偿措施均用于欠发达地区的建设。另外，我国还开展了国家教育质量监测和国际的教育评估。与此同时，政府还加大了资源的动员能力和宣传力度，产生了广泛的社会影响。

1. 政治意愿和法律保护

1980年的《消除对妇女一切形式歧视公约》和1995年联合国第四次世界妇女大会推动了中国的性别平等和女童发展。大会通过了《北京宣言》和《行动纲领》，倡导基于女性权利的变革和系统的可持续发展策略，明确要“通过向女孩和妇女提供基本教育、终身教育、识字和培训及初级保健，促进以人为中心的可持续发展，包括持续的经济增长”。这一事件具有里程碑意义，它唤醒了中国人的性别意识，介绍了新的思想，让女性意识到自己也可以成为政策制定、规划和实施的积极参与者。

2012年，中共十八大首次将男女平等作为基本国策写入报告。在此过程中，中国已经形成了以《中华人民共和国宪法》为基础，以《中华人民共和国妇女权益保障法》为主体，包括《中华人民共和国婚姻法》《中华人民共和国社会保险法》《中华人民共和国物权法》《中华人民共和国就业促进法》《女职工劳动保护特别规定》《中华人民共和国村民委员会组织法》等国家各种法律法规、地方性法规和政府各部门规章在内的一整套保护妇女权益、促进性别平等的法律体系。同时，在母婴保健、计划生育、禁止因性别偏见而人工终止妊娠、反家庭暴力等方面，中国也确立了相关的法律法规。近年来，我国正努力实现中国妇女发展纲要和中国儿童发展纲要中的目标。法律体系的建立为女性的社会、经济和政治权益提供了保障。

在女童教育方面，政府实施了特定的政策来保护女童接受义务教育的权利，实现让流动人口、少数民族和边远贫困地区的女童接受九年义务教育的发展目标。

更重要的是，中央、省、县各级问责机制也已经到位。学校教育入学率是当地政府绩效评估的考核标准之一，女童的中小学入学率也是国家评估的一个重要指标。这样的机制减少了各级教育中的性别不平等问题。

2. 优惠政策和灵活的措施

我国的发展政策必须解决历史、文化、环境、区域社会经济的多样性问题，这很大程度上依靠总体规划和灵活的部署。当地政府和相关从业者需要有调节成本效益的措施，以适应不同时期、地点、课程、教学、语言等方面的要求。

优惠性措施和补偿性措施对弱势地区、弱势人群给予倾斜。通过“一对一”和“手拉手”的帮扶措施，我国已建立了城乡教师互助伙伴项目。经济资助体系从幼儿园覆盖到大学教育，贫困家庭的失学女童是帮扶的重点对象。

整体上，女性教师的数量大量增加。在农村地区，为提升教师的教学质量，不同学校的教师会在区、县内定期轮岗，建立互助合作联系。近些年，我国开始实施特岗教师计划，鼓励高校毕业生赴偏远地区农村学校任教，在补充农村教师队伍短缺的同时，促进农村教师质量的改善。

我国正在大力建设多媒体设施，发展远程教育，以解决贫困地区教育资源匮乏的问题。在当前农村学校缺乏英语专业教师的情况下，多媒体技术有助于改善学生的学习效果，为在偏远农村补充教学力量提供了备选方案。

有质量的学习与核心素养的培养在教育规模扩大的情况下，尤其需要得到重视。人文精神、科学素养、技术能力、创造力、社会适应力等核心能力应该成为教育质量提升的主要内容。

3. 动员各方资源，扩大各界宣传

在过去的 30 年中，为了提升教育入学率和质量，我国政府调集了各级政府部门、民间团体、公众募捐和国际社会的资源，来改善老少边穷地区的正规教育和非正规教育问题，这些地区的女童教育问题也一直是被关注的重点。随着 2006 年全国九年义务教育阶段学费全免政策的推行，政府将进一步完善高等教育国家助学贷款和奖学金体系，提供利率较低的助学贷款，设立针对贫困学生(包括女生)的助学金和补助，以帮助他们完成学业。与此同时，扫盲教育已经在贫困地区和少数民族聚居地区广泛推行。因地制宜办学和为女童建设可用设施等措施，在我国农村地区已见成效。

在从数量到质量上平衡资源配置的方面，我国也有经验教训。随着城市化发展和农村家庭对教育质量需求的提升，我国急需解决如何最大限度地利用资源以适应新的需求。由于小学适龄人口从 1997 年的 1.14 亿人迅速减少至 2012 年的 9 000 万人，我国实行了农村中小学布局调整计划，对县镇以下的中小学进行了大规模的撤并。然而，这一举措却增加了上学的间接成本，以及寄宿学校住宿、管理、男女学生心理健康等方面的问题。对此，我国政府立即调整了相关政策，大规模学校的数量已经明显减少。在过去的 7 年中，偏远地区的教学点从 16 484 个增加至 88 967 个。面对偏远乡村小学校的增加，教师需要有针对性地采用一些适宜的教学模式。前面介绍的新学校(Escuela Nueva)的模式尤其加强了女生的参与，有效地改善了她们的教育质量和学习状况。我国正在制订计划，缓解小规模学校和教学点资金、教师和设备资源短缺的问题。在政策的设计和实施过程中纳入性别视角至关重要，这可以为所有学生的学习带来实质性的改善。

为了调动社会全员的积极性，我国大力宣传性别平等，提倡平等对待男孩和女孩的重要性。宣传工作在很大程度上冲击了社会文化中的性别歧视，打破了针对性别的刻板印象，并创建了有助于女童成长的优良环境。国家通过五级政府(中央、省、市、县和村)以及行政主管部门贯彻宣传内容。宣传内容简单明了、通俗易懂，从城市到乡村的传播都产生了强大的影响力。除了依托互联网传播，利用电视、广播、宣传栏等传统媒体也是不可或缺的。通过传统媒体，推广宣传女童教育对个人、家庭和社会的益处，能在农村地区获得更广大的受众。

4. 教育质量检验和监督体系

我国还建立了各级监督体系来监控辍学率等教育指标，加强问责机制。在 2001 年实施女童入学检查和 2004 年构建女童中学教育入学课程规范后，我国在 2008 年建立起一个以监督教育质量为核心的教育评估体系。这表明我国政府对教育的关注已经转向了对学习质量的评估。

从在中国农村进行的抽样调查中看，在儿童的非认知性能力方面，9～12 岁儿童的非认知技能中的预判能力强于 17～21 岁处于学校—工作过渡中的青年。抑郁量表结果对于女童预测效果更好，而适应能力结果对于男童的预测效果更佳。调查的最终结果可能与很多人的猜测不同，对于 9～12 岁儿童，自尊心越强，经预测其在校读书的年限越少。这个结论主要适用于女童，原因之一可能是女童更倾向于遵循父母的建议留在学校，但自尊心强的女童却相对更有主见，可能会违背父母的意愿离开学校(Glewwe, Huang and Park, 2017)。

国家监测与评估体系关注所有学生的教育状况和学习能力；同时，监测认知和非认知技能上的教育效果，包括道德与公民、生理与心理发展、学业成绩与学习素养、艺术素养、实践和创新等方面的能力，并分析学生的教育背景和社会环境对学生发展的影响。在国家、省、市、县，有四级监测网络来保证政策贯彻落实到位。边缘人群和弱势群体，包括女童，都被给予了特别关注。

与城乡之间的教育公平相比，我国的性别公平问题更加复杂。性别歧视在师生互动、教材和阅读材料的内容、农村女性教师的发展困境等方面都有明显体现。虽然全民教育中普及入学的目标已经实现，但是这些教育质量问题的解决明显滞后。为了教育公平和性别平等的愿景，当前的教育监督系统需要给予性别平等指标更多实质上的支持。

(三)本土化措施和基层创新

社会团体正在尝试把国家政策和国际战略有效地运用到实践中。这些团体的创新方式促进了性别平等在我国的本土化发展，推动了教育为女性和女童赋权。但是，大部分社会团体是由相关从业者构成的。尽管现在评估相关措施的定性与定量数据仍旧有限，本土化措施和基层创新现已经成为实现变革的内在驱动力。下面的部分将会介绍我国在本土化措施和基层创新上所取得的显著成就。

1. 性别评估的本土化标准

正如前文所提到的，爱生学校(CFS)模式已经被世界上 100 多个国家采用。这一全球性的干预方案把性别平等作为学校评价标准中的一个独立的维度。但是，我国的专家对这一维度的确定存在争议。为了在中国的背景下发展爱生学校模式，项目战略性地使用了“包容与平等”这一概念。“包容与平等”强调：①男、女童平等地享有接受素质教育的机会；②尊重学生的多样性；③创建一个没有歧视的学校环境。由此，爱生学校的性别评估转化为本土的实践标准。尽管人们总是认为中国学校里没有性别歧视，但实际上，通过“包容与平等”这一维度的测查，我们明确发现了学校存在的性别问题。这一性别平等指标完成了在中国背景下的本土化。

2. 开发性和生殖健康教育的本土课程

针对逐渐增长的外来务工人员子女人数，在联合国教科文组织驻华办事处、福特基金会和北京师范大学的大力支持下，我国有了一套自主研发的性与生殖健康的教材。课程以2009年联合国教科文组织的《国际性教育技术指导纲要》和2008年中国教育部颁发的《中小学健康教育指导纲要》为基础，传播性教育知识。相关评估表明，该课程能够增加学生关于性和生殖健康的知识，使学生对性持有更加健康的态度，增进家长与学生之间的交流，并加强家长对孩子生理、心理、社会适应方面的照料。

3. 本土早期儿童保育与教育

我国早期儿童保育与教育(ECCE)在入园的普及程度和教育的质量上，都存在明显的城乡差距。“四环幼儿园”是针对弱势儿童群体早期教育需求的众多项目之一，它专门为北京的外来务工人员子女服务，至今已成立10余年。根据外来务工人员子女的现实条件，专家们设计了特别的游戏活动。在这里，受过专业训练的妈妈志愿者和学前教育专业的大学生带领孩子们开展游戏活动和早期阅读。当地社区的外来务工人员还可以参与幼儿园的管理，妈妈和学生志愿者们也会轮流参与教育陪伴的过程。这是一个在大城市中解决外来务工人员子女早期儿童看护教育的低成本、高效率的本土方案。

4. 农村女童的技能培训

为了帮助青年女性适应从学习到工作的身份转变，我国大力发展了实用的职业技能和生活技能培训，增强女性在工作场所的就业和心理适应能力。我国的技能培训从非正式教育中发展而来，为农村失学女童和年轻女性提供服务。20世纪80年代，该项目主要为农村女性提供生活技能培训。到了90年代，技能培训项目遍布农村和少数民族地区的社区学习中心。过去的10多年里，在国际组织和各方共同努力下，技能培训得到迅速发展，接受培训的女性的创收技能和生存技能不断提升。针对外来务工的女青年，相关培训需要由以职业学校为首的教育机构来组织安排。

5. 民族地区女性领导能力建设

女性校长可以成为女童成长的楷模，并引导她们的发展方向。但是，在农村少数民族地区，几乎没有女性校长。针对这一问题，女性领导力建设需要通过在事业和家庭上给当地的女性赋权来解决。在这一过程中，女性教师特别认识到领导力对个人教育，乃至人的发展的重要性。

少数民族地区女性教师的晋升，更容易被大众接受。这是因为少数民族的文化背景在解释多样性和多元价值观方面独具优势，而能歌善舞本来也是女教师们放松自我和表达情感的独特方式。当这些女性校长打破传统走上领导岗位时，她们便形成了一个相互支持的群体。她们突破了传统，在当地的条件下共同成长起来。从这个意义上来说，项目的可持续性不只限于女性校长在领导岗位上的时间长短，而更在于播撒的精神火种，点燃了她们的生命，也为当地的文化传统带来了新的生命力。

6. 其他社会领域的本土措施

不同领域的干预措施都会影响到女童的整体发展。例如，在大众传媒领域，接受过性别意识培训的记者会增加女性在报道中的话语权。媒体监督网络的建立为更好地监测社交媒体报道提供了监督机制。

针对校园场域内的性别暴力，一些社会组织尝试建立从家庭教育到学校社会环境的多维预防和响应机制。他们在揭露中国的性别暴力问题的同时，不懈地努力推进相关法律的完善。

为改变农村地区存在的性别歧视，在我国的一些地方，人们通过修改农村长期存在的不平等的规定来实现性别平等。性别意识的赋权措施，提高了农村女性在社区生活中的参与度和领导力。这使她们能够在生活的各个领域中，如在婚姻、土地、民族、经济权利、村民关系处理和社区决策上，践行性别平等的观念。修改这些村规民约，有助于彻底改变农村地区人们的性别观念和生活方式。尽管性别平等和女性赋权的观念是从国际视角中引进的，但是这些观念的需求、目标和措施都产生于当地人群。因此，修改村规民约能够提升当地女性的自信心，促使农村妇女形成自我管理、平等参与的组织，从而具备获得社区资源、资本和领导力的能力。在社区的结构改革中，所有农村男女都可以平等参与。这种平等参与提升了女性在家庭和社区生活中的地位。

基层妇女组织是在本土化的实践过程中发展出来的。它根据国内外社会发展需求做出灵活调整，并探索在国际化、城市化和传统农村发展背景下的发展道路。社区领导和实践者在本土复杂的发展过程中不断成长起来。这些成长起来的领导者和实践者已经成为在本土环境下性别平等可持续发展的重要驱动力。

(四)对可持续发展策略的启示

反思这几十年来在妇女和女童教育方面的经验，我们可以发现，具有可持续成效的策略都强调：①基于平等权利的综合式发展；②以结果导向为儿童发展带来真实的改变；③男童、女童，男性、女性共同参与的方法；④优质教育和学习中的公平与包容；⑤不同群体生活条件的多样性和教育的相关性。

1. 相关因素和战略指标

干预措施中的相关因素主要强调：①教育的可及性，包括入学率、出勤率、保留率、完成率、师生比等反映教育机会改善的指标；②教育的公平性，主要强调从权利角度上看教育普及、过程、结果中的性别和地区差异；③教育的质量，重点关注学习，包括课程、教学实践、学习过程、成果和相关性；④赋权，包括在经济、政治、社会、文化体系下的性别意识、社会参与、组织发展和在当地机构中的性别结构和性别关系。

可持续的影响力高度强调对干预措施的评估，通常需要参考政策在价值观准则、政策习俗、社区环境、就业等方面的长期效果。同时，在此过程中还存在着诸多矛盾需要协商，包括国内外的、传统与现代的、广泛的标准和环境的变化，以及长效机制和短期的利益平衡问题。值得研究的是，不同的方案为什么会产生，以及如何产生不同的结果和不同的影响。

2. 与国际经验的区别和交叉点

在过去的 20 年中，教育和性别平等运动已经发生范式的转变，仅仅普及学校教育是远远不够的。学习以及如何改进学习，已经进入国际教育议程。在讨论学习和教育过程时，就需要了解哪些干预措施能够对女童的发展产生积极的效果。如果性别问题存在的根本是不平等、不公正的体系因素，那么我们就需要用跨部门的方法来解决各种相互交织的不平等因素。这涉及管理、透明度等多方面的问题。因此，女童教育发展的持续性影响力超越了教育系统的范畴。

决定性的调整应该根据国家的具体制度和管理环境来进行。尽管数据分析指出了在特定文化背景下干预的有效性，但在实践中仍应该适应现实、务求实效，让教育体系的功能得以积极地发挥。优化组织结构和激励机制必不可少，与国内和国际伙伴合作的执行能力也不可或缺。在像我国这样高度集中的社会体制下，经济目标、社会发展目标、社会文化和政治目标都是发展的动力。同时，这既需要有自上而下的政治意愿和政府规划的力量，也要有自下而上的私营部门和基层组织的改革。

最为重要的是，我国的内生力量的增长，已经把国际机构倡导的性别意识和性别视角，转化为观念和行动的积极改变上了。学术研究、政府项目、媒体宣传和国际机构的合作不仅改进了教育状况，也促进了性别平等。性别专家和地方组织扎根本土，为实地的改变做出了重要的贡献，他们在规范传统文化根基中的性别意识，促进女童自立自强上做出了努力。我国女童教育发展的经验就根植在这样的社会背景框架和改革动力中。

四、女童教育可持续发展尚未完成的议程

19世纪和20世纪是大众教育普及和发展的阶段。因此，妇女和女童教育如今已在多方面得到推广。然而，女童教育问题是一个交叉领域，包括的教育因素涉及学生、家长、教师、课程、讲授、评估、非正规教育和非正式学习、认知能力和非认知能力，以及相关的法律权益、贫困影响、人口结构、民族文化、社区发展、社会保护、卫生服务、技术创新、劳动力发展等诸多方面。在这些实践和

经验中，驱动力是什么？谁得到了关注？

(一)性别平等的支持机制

将性别观念纳入主流，是加强社会性别平等的一种策略。在这种策略的指导下，政府部门努力将性别维度整合到教育系统和制度中。然而，如何把性别主流化转化成行动，是许多国家在实施这一策略的过程中面临的严重问题。联合国千年发展目标尝试推动性别主流化的发展，强调了对目标的理论阐述，但较少涉及具体的实现方式。项目有关性别部分的经费不足、实施层面的评价和监管疏漏，以及缺少政治参与是在国家层面落实性别主流化面对的主要挑战。成功的综合方案要求认真审查学习过程各个层面的情况，以及对男童、女童和男性、女性投资的优先问题，强调不同层级政府部门的领导力、反馈问责制以及政策推行成果，来提升公平与效率。

在教育上，首先，教育政策并不限于学校的政策。一些措施通过建立优质学校和私立学校来提供更多的教育供给，还有些措施通过降低学校教育的费用来解决人们对教育的要求。学校教育方面的投资固然重要，但是教育和社会制度也需要在学习方面发挥作用。这需要通过历史的视角以及社会人类学视角的研究，长时间考察政策方针和教育质量的影响作用，来揭示学校教育年限以外的教育效果，以及所有女孩和男孩获得的技能、态度和行为方式。

其次，教育领域的性别政策不仅限于教育政策，还需要强调早期儿童发展、家庭支持政策、劳动政策(如赔偿或歧视)和政治参与的重要性。另外，在机会平等的基础上任人唯贤，只要是工作努力、有能力的人，都应该能够在公平的体系内获得成功。政治、经济和社会政策的设计、实施、监测和评价是一个有机的整体，这样可以促使所有人平等受益。如果对不公平获取机会和资源的原由缺乏关注，我们就可能无法理解弱势群体面临的高风险和挑战。因此，必须考虑将性别主流化及相关推动措施纳入干预措施，确保政策制定者会考虑如何在公平的社会环境和制度下发挥女童教育的作用。只有在有利于性别平等的体制下，教育政策才可以有效实施。

(二)性别敏感数据收集

目前仍然缺乏在国家层面按性别分列的数据，来评估女童教育与发展状况，而现有的数据也存在不便获取和使用的情况。联合国教科文组织在报告中表示，自 2000 年以来，全球只有不到 60%的国家公布了总教育支出占国内生产总值百分比的数据。很多情况下，学校和地方机构的数据不一定匹配，而中央机构无法提供足够的统筹信息。大部分教育信息管理系统都没有涵盖学校的收入和支出，所以很难得到关于不同性别教育支出差异状况的数据。数据的缺失对监测与评估性别差距、开展政策规划和实施有效的干预方案构成了极大的挑战。

一直以来，有针对性的或普惠的措施仍然把提升女童入学率作为关注点，而对女童学习和教育赋权的关注很少。现存研究和数据无法全面反映女童教育水平的变化。性别平等指标不能完全反映女童教育方面的进展和挑战。全球教育指标主要监测的是入学状况、在校儿童数量、入学平均年龄、城乡差异和性别差异的整体特征，而非具体的女童教育特征。尽管有像联合国教科文组织统计所、世界不平等数据库的教育数据库、经济合作与发展组织和世界银行性别数据门户网站之类的数据库，但是在提升国家层面监测与评估方面，还有很大的提升空间。基于联合国 2030 年可持续发展目标(特别是依据目标 4 和目标 5 关于教育和性别平等的具体目标，以及目标 8 相关的就业等具体内容)，性别平等的问责机制、经费预算、教学和学习过程、校园场域内的性别暴力，以及教育系统以外的生殖健康和赋权等发展状况，需要在国家层面开展监测与评估，并得到国家政策的支持。

数据改革应该优先考虑女童和女性，以此来弥补有关她们生活状况的信息缺口，并通过有效的干预措施来支持女童发展。我们基于实证研究和严格评估的调查结果，特别选取了不同领域中有关女童教育和发展的政策措施。虽然很多国家已有大量关于有效措施的文献，但是绝大多数有关女童和女性的项目活动，在实施之前缺少前期评估规划。即使有评估，也只有其中的极少数是由独立机构完成的。不过，前景应该有所改观。随着技术的不断创新，智能手机可以用来获取有关女童的大数据。另外，我们也可以将家庭调查的结果与行政数据联系起来，通过三角互证来补充和校正现有的证据和标准化分析报告。

全民教育和联合国千年发展目标的方法论是否合适，同时其是否也适用于农村女童？数据监测和统计分析的确有助于我们找到解决方案。但是，现实往往无法用数据来全面衡量，而且也经常缺乏足够的数据作为分析的基础。一些用于监测学校表现的国际测试，在不同国家的效度未必完全相同。因而，其作为国家间比较的有效工具仍然值得商榷。应当指出的是，变化的发生不能直接产生影响力，因此，对于女童学校教育与发展的影响这二者之间的联系，还需要深入地研究。探讨优质教育的实现，需要质性取向的研究，因为只有深入了解个体的特征才会更好地满足女生和男生的需求，并缩小学业表现的差距。不过，针对这个问题，青年人的想法尚未得到充分讨论，而对于他们的意见，我们应当加以认真地考虑。

(三)系统中女童的真正改变与发声

什么样的个体会在性别政策和教育机制中受益？弱势和边缘化群体的需要应该如何通过调整教育政策来满足？

一些经济发展的文献会优先考虑发展女性所带来的经济效益。它们让女性来适应当前形势，而不是做出调整来为女性服务。就业、商业和金融方面的性别差距可以说是整个经济领域的损失。据悉，到 2025 年，我国性别平等的倡议将带来 16 万亿人民币的国内生产总值的增长，提升 GDP 超过 1%（Mckinsey Global Institute, 2015）。这显示出赋权女性对国家经济的迅速发展起到重大作用，但是这些干预措施可能对女性造成的负面影响也应该被深入研究。

在政策实施前，政府是否已经就相关政策对男性和女性的影响进行了分析？在人口较少或大部分人口没有受过教育的情况下，这类政策就很难实施。面对这种情况，女童是无声的。在公共和私营部门中，女性的声音很少被重视。这是现今系统构架的重大弊病。

女童和妇女通常被看成弱势群体或被作为达到目标的工具性力量。因此，在以经济利益为上的社会中，性别平等被牺牲。受过教育的女童和年轻女性不得不面对一些限制，如更少的就业机会、有限的职业选择、早婚或晚婚等男性在职业发展中不需要面对的问题。与此同时，职场女性还要面对低收入工作劳动和无偿家庭劳动的双重压力。随着近年来对青少年女性的投入增长，家庭和社会中女性的性别角色和权力关系需要更加深入的研究。实施的措施需要考虑女性真实的社会阶层、生活状态和发展道路。

经验表明，在儿童和青少年参与规划和实施干预措施时，校园暴力的防范和学校安全的保障更加有力。男童和女童的参与可以更有效地宣传反欺凌和反暴力的信息，同时利用积极的、来自同龄人的力量，让学生无法发生暴力和欺凌行为。联合国教科文组织在一份关于杜绝学校暴力事件的报告中指出，学校环境如果能够以学生为中心，教师能够倾听学生的担忧和需求，那么这样的学校比其他学校更有可能解决校园暴力问题。对于女童来说，能够表达自己的想法、观点和感情至关重要。如果把想法强加在她们身上，效果将适得其反。

尤其是对于像来自少数民族、偏远农村、贫困地区的留守、残疾等边缘化群体的女童来说，可持续性的改变应该从内而外，为女童带来生命的翻转。而这首先需要理解不同生活背景的女童所发出的声音，才有可能实现。女童的学习和生活转变，是发展计划的核心问题。教育的根基是培养技能、锻炼能力，使人发展成为自己生活的主人。为了保证发展女童教育的益处落到实处，我国需要更多证据说明为什么某些干预措施对女童的发展产生了重要的影响，也急需将优秀的实践和创新规模化。所有的利益相关者，包括政府、社会、学校、教师和家长等，需要协调一致来实现这一共同目标。

为什么性别不平等依然存在？因为社会、文化、经济和政治上的性别不平等现象相互重叠，相互加强。性别平等涉及社会文化中的价值观与刻板印象，以及社会制度中的规范、习俗、法律和市场等特征。有些政策在制定时就是有歧视性的，而有些政策在实施时会产生没有预见到的性别歧视。同理，家庭决策也涉及资源的有限性和权力的不平等。教育中的性别平等，将更好地解决两性在权利、价值观、资源和话语权方面的问题。而女童教育，则是推动社会发展的关键途径，是更新生命和改变未来的力量。

参考文献

[1] UNESCO. UNESCO Priority Gender Equality Action Plan 2014-2021[M]. Paris：UNESCO，2014.

[2] World Bank. Gender Equality and Development. World Development Report [M]. Washington DC：The World Bank，2012.

[3] UNESCO. Education for People and Planet. Global Education Monitoring Report[M]. Paris：UNESCO，2016a.

[4] UNESCO. Cracking The Code：Girls' and Women's Education in Science，Technology，Engineering and Mathematics（STEM）[M/OL]. Paris：France，2017a [2018-05-24]. http：//unesdoc. Unesco. Org/Images/0025/002534/253479E. pdf.

[5] UNESCO. Global Educational Monitoring Report 2016：Gender Review[M]. Paris：UNESCO，2016b.

[6] Summers，L. H. Investing in All the People：Educating Women in Developing Countries. Economic Development Institute Seminar Paper，45 [M]. Washington DC：The World Bank，1994.

[7] Levine，R. A.，Levine，S. E. & Schnell，B. "Improve The Women"：Mass Schooling，Female Literacy，and Worldwide Social Change[J]. Harvard Educational Review，2001，71 (1).

[8] Gakidou，E.，Cowling，K.，Lozano，R. & Murray，C. J. Increased Educational Attainment and Its Effect on Child Mortality in 175 Countries Between 1970 and 2009：A Systematic Analysis[J]. The Lancet，2010，376 (9745).

[9] Richman，A. L.，Miller，P. M. & Levine，R. A. Cultural and Educational Variations in Maternal Responsiveness[J]. Developmental Psychology，1992(28).

[10] Rogoff，B.，Mistry，J.，Goncu，J. & C. Mosier. Guided Participation in Cultural Activity by Toddlers and Caregivers[J]. Monographs of the Society for Research in Child Development，1993，236(58).

[11] Lloyd，C. B.，Kaufman，C. E. & Hewett，P. The Spread of Primary Schooling in Sub-Saharan Africa：Implications of Fertility Change[J]. Population and Development Review，2000，26(3).

[12] Levine，R. A.，Levine，S. E.，Schnell-Anzola，B.，Rowe，M. & Dexter，E. Literacy and Mothering：How Women's Schooling Changes the Lives of the World's Children[M]. New York：Oxford University Press，2012.

[13] Aslam，M. & Kingdon，G. Can Education Be a Path to Gender Equality in the Labor Market? [J]. An Update On Pakistan，Comparative Education，2012，48(2).

[14] UNESCO. Education for All：An Achievable Vision[EB/OL]. (2001)[2018-05-24]. http：//unesdoc. unesco. org/images/0012/001242/124240e. pdf.

[15] Psacharopoulos，G. & Patrinos. H. A. Returns to Investment in Education：A Further Update[J]. Education Economics，2004(12).

[16] Filmer，D. Gender and Wealth Disparities in Schooling：Evidence from 44 Countries[J]. International Journal of Educational Research，2006，43(6).

[17] Patrinos，H. A. Returns to Education：The Gender Perspective[M]//Girls' Education in the 21st Century. Washington DC：The World Bank，1997.

[18] Levine，R. A.，Levine，S. E. & Schnell，B. "Improve The Women"：Mass Schooling，Female Literacy，and Worldwide Social Change[J]. Harvard Educational Review，2001，71 (1).

[19] UNESCO. Education for All 2000-2015：Achievements and Challenges. Global Monitoring Report[M]. Paris：UNESCO，2015.

[20] OECD. Students，Computers and Learning：Making the Connection，PISA[M/OL]. Paris：OECD Publishing，2015a[2018-05-24]. http：//www. oecd. org/publications/students-computers-and-learning-9789264239555-en. htm.

[21] IEA. IEA's Trends in International Mathematics and Science Study：TIMSS 2015 [EB/OL]. (2016)[2018-05-24]. http：//timss2015. org/wp-content/uploads/filebase/full%20pdfs/T15-International-Results-in-Mathematics-Grade-4. pdf.

[22] World Economic Forum. The Global Gender Gap Report[EB/OL]. (2016)[2018-

05-24]. http://reports.weforum.org/global-gender-gap-report-2016.

[23] Fustos, K. Despite Wide-Ranging Benefits, Girl's Education Empowerment Overlooked in Developing Countries [EB/OL]. (2010-04) [2018-05-24]. http://www.prb.org/girlseducation.aspx.

[24] Ackerman, X. Innovation and Action in Funding Girls' Education. Global Economy and Development Working Paper, 84 [M]. Washington DC: The Brookings Institute, 2015.

[25] World Bank. World Bank Group Gender Strategy (FY16-23): Gender Equality, Poverty Reduction and Inclusive Growth[EB/OL]. Washington DC: The World Bank, 2015 [2018-05-24]. https://openknowledge.worldbank.org/handle/10986/23425.

[26] UNFPA. The State of World Population[EB/OL]. (2016)[2018-05-24]. https://www.unfpa.org/sites/default/files/sowp/downloads/The_State_of_World_Population_2016_-_English.pdf.

[27] Kwauk, C., Braga, A. & Fyles, N. Ten Trends in Girls' Education[EB/OL]. (2017-05-22)[2018-05-24]. https://ssir.org/Articles/Entry/Ten_Trends_in_Girls_Education.

[28] Brake, D. Getting in the Game: Title IX and the Women's Sports Revolution[M]. New York: New York University Press, 2010.

[29] Stevenson, B. Beyond The Classroom: Using Title IX to Measure the Return to High School Sports. NBER Working Paper, 15728[M]. Cambridge, MA: National Bureau of Economic Research, 2010.

[30] Essama-Nssah, B. Achieving Universal Primary Education Through School Fee Abolition: Some Policy Lessons from Uganda//Chuhan-Pole, P. & M. Angwafo, Yes Africa Can: Success Stories from A Dynamic Continent [M]. Washington DC: The World Bank, 2011.

[31] Filmer, D. The Structure of Social Disparities in Education: Gender and Wealth[M]. Washington DC: The World Bank, 2000.

[32] Herz, B., Subbarao, K., Habib, M. & Raney, L. Letting Girls Learn: Promising Approaches in Primary and Secondary Education[M]. Washington DC: The World Bank, 1991.

[33] Fiszbein, A. N., Schady, F. H. G., Ferreira, M. Grosh, N. Keleher, P.

Olinto & Skoufias, E. Conditional Cash Transfers: Reducing Present and Future Poverty. A World Bank Policy Research Report[M]. Washington DC: The World Bank, 2009.

[34] Stampini, M. & Tornarolli, L. The Growth of Conditional Cash Transfers in Latin America and the Caribbean: Did They Go Too Far? IZA Policy Paper No. 49[EB/OL]. (2012-11)[2018-05-24]. http: //ftp. iza. org/pp49. pdf.

[35] The Economist. Societies on the Move. Expanding The Middle Class Requires Better Schools and Reforms in Public Spending[EB/OL]. (2010-09-09)[2018-05-24]. http: //www. economist. com/node/16964039.

[36] Ferreira, F. H. G. , Filmer, D. & Schady, N. Own and Sibling Effects of Conditional Cash Transfer Programs. Theory and Evidence from Cambodia[M]. Washington DC: The World Bank, 2009.

[37] Filmer, D. & Schady, N. Getting Girls into School: Evidence from A Scholarship Program in Cambodia[J]. Economic Development and Cultural Change, 2008, 56(3).

[38] Friedman W. M. , Kremer, Miguel, E. & Thornton, R. Education as Liberation? [J]. Economica, 2016(83).

[39] Duflo, E. , Dupas, P. & Kremer, M. Education, HIV, and Early Fertility. Experimental Evidence from Kenya[J]. American Economic Review, 2015, 105 (9).

[40] Chaudhury, N. & Parajuli, D. Conditional Cash Transfer and Female Schooling: The Impact of the Female School Stipend Program on Public School Enrollments in Punjab, Pakistan[M]. Washington DC: The World Bank, 2006.

[41] Chi, J. , Colbert, V. & Velez, E. Improving Teaching and Learning in Low-Income Schools: Innovation and Implication from "Escuela Nueva". Interventions for Efficiency and Effectiveness of Educational System Technical Notes[R]. Beijing: UNESCO International Research and Training Centre for Rural Education, 2017.

[42] Chi, J. & Velez, E. Physical Conditions of Schools and Educational Outcomes. Interventions for Efficiency and Effectiveness of Educational System Technical Notes[R]. Beijing: UNESCO International Research and Training Centre for Rural Education, 2016.

[43] Kazianga, H., Levy, D., Leigh, L. L. & Sloan, M. The Effects of 'Girl-Friendly' Schools: Evidence from the BRIGHT School Construction Program in Burkina Faso[J]. American Economic Journal: Applied Economics, 2013, 5(3).

[44] UIS(UNESCO Institute for Statistics). Reducing Global Poverty Through Universal Primary and Secondary Education. Policy Brief 32[EB/OL]. (2017-06) [2018-05-24]. http://uis.unesco.org/sites/default/files/documents/reducing-global-poverty-through-universal-primary-secondary-education.pdf.

[45] Kevin, A. G. Achieving Gender Equality in Learning Outcomes: Evidence from a Non-Formal Education Program in Bangladesh[J]. International Journal of Educational Development, 2015, 40(1).

[46] Gertler. P., Heckman, J., Pinto, R., Zanolin, A., Vermeersch, C., Walker S., Chang, S. M. & Grantham-Mcgregor, S. Labor Market Returns to an Early Childhood Stimulation Intervention in Jamaica[J]. Science, 2014, 344(6187).

[47] Bian, L., Leslie, S. & Cimpian, A. Gender Stereotypes about Intellectual Ability Emerge Early and Influence a Children's Interests[J]. Science 27, 2017, 355(6323).

[48] Chen, E. & Rao, N. Gender Socialization in Chinese Kindergartens: Teachers' Contributions[J]. Sex Roles, 2011(64).

[49] Harbison, R. W. & Hanushek, E. A. Educational Performance of the Poor: Lessons from Rural Northeast Brazil[M]. New York: Oxford University Press, 1992.

[50] Hanushek, E. A. & Rivkin, S. G. Generalizations About Using Value-Added Measures of Teacher Quality[J]. American Economic Review: Papers and Proceedings, 2010(100).

[51] Chudgar A. & Sankar V. The Relationship Between Teacher Gender and Student Achievement: Evidence from Five Indian States[J]. Compare, 2008, 38(5).

[52] Hanushek, E. A. & Rivkin, S. G. How to Improve the Supply of High Quality Teachers[J]. Brookings Papers on Education Policy, 2004, 7: 7-44.

[53] Matthew C. & Peterson，P. It's Easier to Pick a Good Teacher Than to Train One：Familiar and New Results on the Correlates of Teacher Effectiveness [EB/OL]. (2011-01) [2018-05-24]. https：//ac. els-cdn. com/S0272775710001755/1-s2. 0-S0272775710001755-main. pdf? _ tid=f125680e9b-c8-4d5e-97fd-14a0254d3e22&acdnat=1527153561 _ fc15a91a616087368afcfcb23-cb5cecc.

[54] Walker，R. Twelve Characteristics of an Effective Teacher[EB/OL]. (2008-01)[2018-05-24]. https：//files. eric. ed. gov/fulltext/ED509938. pdf.

[55] Warwick，D. P. & Jatoi，H. Teacher Gender and Student Achievement in Pakistan[J]. Comparative Education Review，1994，38(3).

[56] Kirk，J. The Impact of Women Teachers on Girls' Education：Advocacy Brief[M]. Bangkok：UNESCO，2006.

[57] Drudy S.，Martin，M.，Woods，M. & O'Flynn，J. Men The Classroom：Gender Imbalances in Teaching[M]. London/New York：Routledge，2005.

[58] RTI International. What is the Cost of School-Related Gender-Based Violence? [M]. Washington DC：USAID，2015.

[59] Blumberg，R. Gender Bias in Textbooks：A Hidden Obstacle on the Road to Gender Equality in Education，Background Paper Prepared for the Education for All Global Monitoring Report 2008 Education for All by 2015：Will We Make It? [M]. Paris：UNESCO，2007.

[60] UNESCO-IBE (UNESCO International Bureau of Education). Global Monitoring of Global Citizenship Education and Education for Sustainable Development：Themes in School Curricula. Paris：UNESCO，2016.

[61] Bromley，P.，Lerch，J. & Jimenez，J. D. Education for Global Citizenship and Sustainable Development：Content in Social Science Textbooks. Background Paper Prepared for the 2016 Global Education Monitoring Report [R]. Paris：UNESCO，2016.

[62] Sahni，U. From Learning Outcomes to Life Outcomes：What Can You Do and Who Can You Be? A Case Study in Girls' Education in India. Working Paper，4[R]. Washington DC：The Brookings Institute，2012.

[63] RED. CAF Presented the 2016 Economy and Development Report [EB/OL]. (2016-10-24) [2018-05-24]. https：//www. caf. com/En/Currently/News/

2016/10/Caf-Presented-The-2016-Economy-and-Development-Report-Red.

[64] UNESCO. Youth and Skills: Putting Education to Work. EFA Global Monitoring Report[R]. Paris: UNESCO, 2012.

[65] UNESCO Bangkok & UNICEF. Asia-Pacific End-of-Decade Notes on EFA Goal 5[R/OL]. Bangkok: UNESCO Bangkok. (2012)[2018-05-24]. http://unesdoc. unesco. org/images/0021/002191/219185E. pdf.

[66] WHO (World Health Organization). Promoting Health Through Schools: Report of A WHO Expert Committee on Comprehensive School Health Education and Promotion[R]. Geneva: WHO, 1997.

[67] UNESCO Bangkok & UNICEF. Asia-Pacific End-of-Decade Notes on EFA Goal 5[M]. Bangkok: UNESCO, 2012.

[68] Bandiera, O., Niklas, B. & Robin, B. Women's Empowerment in Action: Evidence from a Randomized Control Trial in Africa. London School of Economics and Political Science [EB/OL]. (2017-07-01)[2018-05-24]. http://documents. worldbank. org/curated/en/707081502348725124/pdf/118203-WP-ELA-PUBLIC. pdf.

[69] ILO (International Labor Organization). Building A Sustainable Future with Decent Work in Asia and the Pacific. Report of the Director-General in the 15th Asia and the Pacific Regional Meeting [R]. Kyoto, Japan : ILO, 2011.

[70] Care, E., Kim, H., Anderson, K. & Gustafsson-Wright, E. Skills for A Changing World: National Perspectives and the Global Movement. Brookings Institution [EB/OL]. (2017-04)[2018-05-24]. https://www. brookings. edu/wp-content/uploads/2017/03/global-20170324-skills-for-a-changing-world. pdf.

[71] Cunha, F. Estimating the Technology of Cognitive and Non Cognitive Skills Formation. NBER Working Paper, 1566[M]. Cambridge, MA: National Bureau of Economic Research, 2010.

[72] Cuesta, M. B. & BudrÍA, S. Unemployment Persistence: How Important Are Non-Cognitive Skills? [J]. Journal of Behavioral Experimental Economics, 2017(60).

[73] OECD. Skills for Social Progress: The Power of Social and Emotional Skills [M]. Paris: OECD Publishing, 2015b.

[74] Beltramo, T. & Levine, D. Do SMS Text Messaging and SMS Community

Forums Improve Outcomes of Adult and Adolescent Literacy Program. CEGA Working Paper，15[R]. Berkeley，CA：Center for Effective Global Action At University of California，2012.

[75] Cummings，C. & O'Neil，T. Do Digital Information Communication Technologies Increase the Voice and Influence of Women and Girls? A Rapid Review of the Evidence[R]. London：Overseas Development Institute，2015.

[76] Rowlands，J. Questioning Empowerment：Working With Women in Honduras[M]. Oxford：Oxfam，1997.

[77] O'Neil，T.，Plank，G. & Domingo，P. Support to Women and Girls' Leadership：A Rapid Review of the Evidence. Research Reports and Studies of ODI[EB/OL].（2015）[2018-05-24]. https：//www. odi. Org/Sites/Odi. Org. Uk/Files/Odi-Assets/Publications-Opinion-Files/9623. pdf.

[78] Eschenbacher，H. Care Bangladesh Girls' Education and Leadership Evaluation Innovation Through Sport：Promoting Leaders，Empowering Youth. Final Evaluation Report[R]. Saint Paul：Miske Witt，2011.

[79] Jang，Y. A. Effects of Paternal Parenting Behaviors，Child-Rearing Involvement，and Father-Child Communication Perceived by Children on Their Leadership[J/OL]. Korean Journal of Community Living Science，2015(26)[2018-05-24]. http：//Dx. Doi. Org/10. 7856/Kjcls. 2015. 26. 4. 617.

[80] Tedesco，J. C.，Opertti，R. & Amadio，M. The Curriculum Debate：Why It is Important Today[J]. Prospects，2014，44(4).

[81] Pepper，D. Assessing Key Competences Across the Curriculum in Europe[J]. European Journal of Education，2011，46(3).

[82] 3ie. What Evidence do We Have on Transferable Skills Programming for Youth in Low-and Middle-Income Countries[R/OL]，3ie Policy Brief.（2016）[2018-05-24]. http：//www. 3ieimpact. org/media/filer _ public/2016/09/19/youth-transferable-skills-policy-brief. pdf.

[83] Gupta，G. R.，Whelan，D. & Allendorf，K. Integrating Gender into HIV/AIDSProgrammes：A Review Paper[R]. Geneva：WHO，2003.

[84] World Education. Life Skills for HIV and AIDS Education[EB/OL]，(2012)[2018-05-24]. http：//Cambodia. Worlded. Org/Work/Life _ Skills _ Hiv. htm.

[85] UNICEF. Skills-Based Health Education and Life Skills：The Myanmar Ex-

perience. New York：UNICEF，2001.

[86] UNAIDS. UNAIDS Report On the Global AIDS Epidemic[R/OL]，(2012) [2018-05-24]. http：//www. unaids. org/sites/default/files/media _ asset/20121120 _ UNAIDS _ Global _ Report _ 2012 _ with _ annexes _ en _ 1. pdf.

[87] Vanlede，M.，Little，T. D. & Card，N. A. Action-Control Beliefs and Behaviors as Predictors of Change in Adjustment Across the Transition to Middle School[J]. Anxiety，Stress and Coping，2006，19(2).

[88] Brackett，M. A. & Mayer，J. D. Convergent，Discriminate，and Incremental Validity of Competing Measures of Emotional Intelligence[J]. Personality and Social Psychology Bulletin，2003，29(9).

[89] Blum，R. W. & Libbey，H. P. School Connectedness：Strengthening Health and Education Outcomes for Teenagers[J]. Journal of School Health，2004(74).

[90] Belfield，C.，Bowden，A. B.，Klapp，A.，Levin，H.，Shand，R. & Zander，S. The Economic Value of Social and Emotional Learning[J]. Journal of Benefit-Cost Analysis，2015，6(3).

[91] Baird，S.，Hicks，J. K.，Kremer，M. & Miguel，E. Worms at Work：Long-Run Impacts of a Child Health Investment. NBER Working Paper，21428[R]. Cambridge，MA：National Bureau of Economic Research，2016.

[92] UNESCO. Global Guidance on Addressing School-Related Gender-Based Violence[R]. Paris：UNESCO，2016c.

[93] UNESCO. School Violence and Bullying：Global Status Report[R]. Paris：UNESCO，2017b.

[94] Swanson，J.，Columbia，R. & Banashek，S. The Safe Schools Program. Submitted to the World Bank Global Symposium on Gender，Education and Development[R]. Washington DC：The World Bank，2007.

[95] Al-Hassan，S. Evaluation of the Better Parenting Program[R]. New York，NY：UNICEF，2009.

[96] Powell，D.，Okagaki，L. & Bojczyk，K. Evaluating Parent Participation and Outcomes in Family Literacy Programs：Cultural Diversity Considerations[M]//Handbook of Family Literacy：551-566. Mahwah，NJ：Lawrence Erlbaum Associates，2004.

[97] Roopnarine，J.，Fouts，H.，Lamb，M. & Lewis-Elligan，T. Mother' and

Fathers' Behaviors Toward Their 3-To 4-Month-Old Infants in Lower, Middle, and Upper Socioeconomic African American Families[J]. Developmental Psycholog, 2005, 41(5).

[98] Barlow, J. D., Mcintosh, H., Jarrett, E. & Mockford, P. Role of Home Visiting in Improving Parenting and Health in Families at Risk of Abuse and Neglect: Results of A Multicenter Randomized Controlled Trial and Economic Evaluation[J]. Child Care Health and Development, 2007, 92(3).

[99] Pradhan, M., Suryadarma, D., Beatty, A., Wong, M., Alishjabana, A., Gaduh, A. & Prama, A. R. Improving Educational Quality Through Enhancing Community Participation: Results from a Randomized Field Experiment in Indonesia[J]. American Economic Journal of Applied Economics, 2014, 6(2).

[100] Save the Children. The Right to Learn: Community Participation to Improve Learning[R/OL]. Westport, CT: Save the Children, 2013 [2018-05-24]. http://www. Savethechildren. Net/Sites/Default/Files/Libraries/The%20Right%20to%20Learn%204%20desktoprint%5Bsmallpdf. Com%5D. pdf.

[101] Miller-Grandvaux, Y. & Karla, Y. A Literature Review of Community Schools in Africa. Support for Analysis and Research in Africa (SARA) Project Academy for Educational Development[M/OL]. Washington DC: USAID, 2002 [2018-05-24]. http://Citeseerx. Ist. Psu. Edu/Viewdoc/Download? Doi=10. 1. 1. 157. 2967&Rep=Rep1&Type=pdf.

[102] Thompson, H. The Role of Communities in Protecting Education from Attack [R]. New York: Global Coalition to Protect Education from Attack, 2014.

[103] UNESCO. Community Learning Centers: Country Report from Asia [R]. Bangkok: UNESCO, 2008.

[104] Taylor, G. & Pereznieto, P. Review of Evaluation Approaches and Methods Used by Interventions on Women and Girls' Economic Empowerment[R]. London: Overseas Development Institute/Social Development Direct, 2014.

[105] Haberland, N. A. The Case for Addressing Gender and Power in Sexuality and HIV Education: A Comprehensive Review of Evaluation Studies[J]. International Perspectives on Sexual and Reproductive Health, 2015, 41(1).

[106] Bilic, D. Finland: Hope in the Fight Against Cyber Bullying[EB/OL].

(2016-07-26)[2018-05-24]. http://www. Welivesecurity. Com/2016/07/26/Cyberbullying-Finland-Kiva/.

[107] Dillibazar, K. Program Report (Nepal) on Equity in Education: Advocacy Through Girls' Education Network, Young People and Political Leaders. Submitted to UNICEF Nepal Country Office[R]. New York: UNICEF, 2013.

[108] Lewis, M. & Lockheed, M. E. Exclusion, Gender and Education: Case Studies from the Developing World[R]. Washington DC: Center for Global Development, 2007.

[109] Larocque, N. & Lee, S. Non-State Providers and Public-Private Partnership for Education of Poor[R]. Bangkok: UNICEF and ADB, 2011.

[110] Chi, J., Liu, W. & Bu, W. Education, Media Andand Sexuality Health Services for Girls and Women: 20 Years Experience of China's Policy and Practice [M]. Beijing: Path International and China Social Sciences Press, 2014.

[111] Glewwe, P., Huang, Q. & Park, A. Cognitive Skills, Non-Cognitive Skills, and School-to-Work Transitions in Rural China[J]. Journal of Economic Behavior and Organization, 2017(134).

[112] Mckinsey Global Institute. How Advancing Women's Equality Can Add $12 Trillion to Global Growth [EB/OL]. (2015-09)[2018-05-24]. https://www. Mckinsey. Com/Global-Themes/Employment-and-Growth/How-Advancing-Womens-Equality-Can-Add-12-Trillion-To-Global-Growth.

第五章　教育体系中改善贫困地区教学与学习的关键：“新学校”教育创新与启示

新学校项目以改进学校教育质量为目标，是国际认可的教育创新之一。其创新的核心在于改善教学与学习的质量，改变教师课堂态度和行为，以学生发展为中心，促进积极的、参与式的、合作性的学习。本章将描述新学校模式是如何实施的，包括在教师培训、课程开发、行政策略和社区联络方面的系统变化，呈现新学校模式的影响力与适用性。亚太地区国家正在寻求促进学生学习、教师发展、学校效能及帮助边缘群体的教育创新途径，而这一模式在教与学的创新、农村教师的发展、适应多样化的背景、形成变化的机制等方面具有参考价值，为改善农村基础教育问题提供了备选方案。对我国而言，该模式对改善农村小规模学校、寄宿学校和传统讲台教学的教育质量问题具有潜在价值，可为教育决策者开展提高入学率与教学质量的创新实践提供参考。

一、改善农村贫困学校的教学与学习：新学校项目的设立

始于20世纪70年代中期哥伦比亚的新学校项目，以改进学校教育质量为目标，建立了国际认可的教育模式，是发展中国家持续时间最久的自下而上的教育创新之一。[①] 本节介绍新学校项目及其最新进展，探讨这一模式对农村地区学校、寄宿制学校和那些沿用传统讲台授课的学校，在普及基础教育、提高教育质量上的潜在价值，为教育决策者探索创新实践提供参考。亚太地区国家正在提高

① 新学校项目“以创新的教育模式改善低收入学校的基础教育质量”，成为世界教育创新峰会(World Innovation Summit for Education，WISE)2009年的获奖项目。本章的合作者维基·科尔伯特(Vicky Colert)也由于对此项目的卓越贡献，2017年荣获教育最高奖金“一丹奖”的教育发展奖。

基础教育质量上寻求创新途径，促进学生学习和教师发展，提高学校效能，惠及边缘儿童群体(UNESCO & UNICEF，2012)。本文提出的新学校项目在改善农村教育问题上正是一个值得尝试的方法。虽然很多研究表明了该项目的显著成就，我们仍然有必要对该项目及其影响力进行详细考察，以便更加深入了解其中的经验与挑战，从而获得更为明确的启示。

新学校项目最初是在联合国教科文组织关于农村教师项目的基础上，从单班学校(unitary school)发展起来的。这一农村教师项目主要在全球推广单班学校模式，支持那些需要在一间教室同时为多个年级授课的教师。虽然与单班学校改善入学与基础教育状况的目标一致，但是新学校项目走出课堂，采用并推动了更加系统的方式，重塑了教师的角色及其教育实践。新学校项目强调教师作为支持和引导者，而不是讲授和传输者，推广以儿童为主体的教学方式，促进积极的教学与学习。项目在起始阶段就考虑到了对国家政策的影响，并且设计了在技术、政策和财政上实施易于复制的干预和实施策略(AERA，2013)。当获得美洲开发银行支持成为教育部的政策时，该项目又针对发展基础薄弱地区的具体情况进行了调整和修订，其中包括由联合国儿童基金会支持的太平洋西岸地区。结果，这一项目在世界银行的支持下，作为国家战略在哥伦比亚全国推广。

教育创新经常由于政治和行政变故而受阻，然而新学校项目却在社会组织的支持和与机构的合作中得到发展，至今已经持续了40多年。在此期间，新学校基金会(Fundación Escuela Nueva，FEN)的创设，以及公私伙伴关系(public-private partnerships)的建立在新学校项目中发挥了重要的作用。新学校基金会是一个致力于提升教育质量，促使新学校模式适应新的群体和背景状况的社会组织；在公私伙伴关系方面，咖啡种植者联合会(Coffee Growers Federation)与高等教育基金会(Fundación para la Educación Superior)在新学校项目上建立了合作关系。在此背景下，项目不仅得以持续，并获得了新的发展。新学校项目得到多个国际组织的支持，并与政府部门开展工作。世界不同国家和地区，包括巴西、危地马拉、东帝汶、赞比亚、越南等16个国家已经采用了该项目。新学校项目惠及的儿童超过500万名，尤其是那些在农村偏远地区和城市边缘地带的贫困儿童，以及其他处境不利的和流浪的青少年群体，改善了他们的入学状况和教育质量(Colbert，2015；Schiefelbein，1993)。

二、发展历史、模式特征与实施策略

(一)新学校项目的发展历史

联合国教科文组织于20世纪60年代发起的单班学校项目源自国际教育部长会议(International Conference of Ministries of Education)建议第52条。这条建议支持建立单班学校，即在1962年将单班学校作为一种为发展中国家的最贫困地区提供完整小学教育的方式。单班学校的主要特征是：单个教师(复式教学)；自动升级系统；学生自主完成学习进度的个性化学习体系；教师设计的用于同时带领几个小组的教学卡片；经过培训能够同时为几个年级开展教学的教师。

根据联合国教科文组织这一项目的要求，位于哥伦比亚北桑坦德省(Norte de Santander)潘普洛纳(Pamplona)的农村教育高等研究所，设立了以单班学校为教育形式的教师培训项目。第一所试点单班学校于1962年启动。几年之内，全省单班学校增加至150所。然而，当项目力图在国家层面展开的时候，一些制约因素逐渐凸显，主要问题包括教师培训、地区行政官员的参与、自动升级系统的应用、课程内容与儿童生活环境的关系、教师作为社区推动者的角色，以及对教师设计并制作教学材料的要求等方面。所有这些因素都制约了项目的可复制性，关乎项目的成败。另外，许多教师排斥单班学校项目，将这一在人口稀少地区合理安排师生的机制误解为淘汰农村地区教师的机制。针对这些制约因素，项目发起者和团队成员对单班学校模式的干预方式进行了重新设计。1975年，该项目重组为新学校系统，成为教育部的项目。由此，这一项目超越了单个教师管理多个年级的初始内涵，开始了对教师实践的创新探索。

1982年以后，新学校项目在世界银行(贷款2192-CO)的资助下扩展到多个省份的几千所农村学校，1989年惠及全国17 948所学校的800 000名学生。20世纪90年代，其几乎覆盖了哥伦比亚所有的农村学校(约41 000所)。新学校项目被世界银行选为“世界上3个影响国家政策最成功的经验之一”。与此同时，泛美基金会(Inter-American Foundation)支持成立了新学校基金会，旨在把新学校扩展到城市地区。试点项目称作城市活力学校(Escuela Activa Urbana)，以满足城市地区的教育需求为主要任务。试点项目取得成功后，至今一些城市的小学和中学还使用着当时新学校项目支持过的教学模式。遗憾的是，新学校项目的全面展开正处于20世纪90年代提倡国家分权的时期，教育部将所有精力投向自身机构的重组，导致全国所属部门及其多个重要的举措在这十几年间受损，新学校项目也一直难以真正实施。许多受过新学校项目培训的教师被转走，而受过培训的新教师几乎都在农村学校的新学校任教(Colbert，2016)。因此，依托公私伙伴关系的合作，仅在咖啡种植者联合会支持的地区以及与高等教育基金会合作的省份，新学校模式才完好地存留下来。

(二)新学校项目的模式特征

界定这一项目的核心是重新思考课堂以及教与学的过程，通过创新带动传统学校和学习方式的转型，从以教师为中心的教育范式转向关注儿童，为农村贫困儿童提供适合的有质量的教育。创新的核心在于改善教与学的质量，因而需要更加关注教师培训，并且改变教师在课堂上的态度和行为，尤其要改变教师在传统师范学校受教时固化的思想观念。

根据项目规划，新学校旨在让学生：①积极学习，勤于反思；②掌握分析与应用的技能；③拥有自尊；④树立团结与合作的态度；⑤建立对公民及价值观的积极态度；⑥掌握课业知识。(见图5-1)

在教师层面，新学校旨在让教师：①愿意承担引导者和促进者而非讲授者的新角色；②积极对待新的教学方法、农村地区的工作，以

图 5-1　新学校的学生风貌

及行政官员与教学督导；③发挥作为社区领导者的积极作用；④对项目整体上满意；⑤能够管理主要的项目活动。

在行政机构层面确保：①教育行政作为职能部门的作用是提供方向和指导而不是控制；②改善行政官员与教师的工作关系；③提高项目的整体满意度；④提高确定培训需求和组织教师培训的行政能力。

此外，在社区层面，旨在促进家长更多地参与学校的日常生活，共同寻求问题的解决方案，使学校成为凝聚社区的力量。

（三）新学校项目的实施策略

在新学校项目系统设计背后的理念是，为了改善在学生发展方面的成果，必须创新教师培训模式和行政结构，同时改善学校与社区的协调机制。这一理念决定了项目的目标，并由此转化为 4 个组成部分：教师培训、课程开发、行政策略，以及社区联络。

1. 教师培训

教师的在职培训是一个过程，而不是一个活动。它包括 3 个不同阶段的实施策略。其中，首先是创建示范学校。通过示范学校，审视新学校模式的做法。其次是形成教师培训课程。培训课程采用系列工作坊的方式解读教学理论，剖析实践案例。教师培训手册依据的方法论需要与学生的学习指导材料一致。这样，教师可以在培训中获得切身经历，领悟在面对学生时需要使用的教学方法。最后是组建教师学习圈子或小型教师中心，鼓励教师分享共同面临的问题和解决的方案(Colbert，2002)。

为教师和行政人员设计的培训与后续活动是一系列实践与体验式的工作坊。教师们可以从中学习如何把课程的要点运用到课堂和社区。此外，教师还要学习如何使用新的教学材料和学生学习指南，以及如何规划使用学习角和教室图书馆。培训材料和培训过程的设计注重循序渐进，让参加培训的教师能够逐步达到学以致用的程度。培训基于积极的、参与式的方法论，与教师以后在面对学生时使用的教育教学方法一致。教师还通过参观示范课堂和示范学校，直接观察新学校模式的运转和操作，通过亲眼见到产生的变化，转变自身对课堂教学实践的态度。

工作坊注重实践，不以内容讲授为主，由此教师培训以引导和评价学习过程的方式来帮助教师成长。如前所述，积极教学法是培训的重要部分。教师运用积极的、参与式的教学法的能力，对于新学校模式的成功十分重要。

后续跟进的策略通过教师学习圈进行。教师们在培训之后，能够继续在一起讨论，交换经验，反思课堂实践，建构社会知识。深化培训的后续策略，有助于教师的专业发展。在这一过程中，教师通过真正地聆听和反思，总结自己的有效做法，成为改变课堂的引领者。

2. 课程开发

课程开发主要包括学生的学习指导手册、学习角、教室图书馆以及学生会几个方面。

学生指导材料用于辅助学习或开展小组学习，包括与课程目标相关的基本信息和实践活动。它将传统教科书、活动作业本和教师指导整合在一起。材料参照国家认可的课程大纲设计，每个单元都配有学习指导。几个单元组成一个学习模块，学习模块有助于适应不同学习节奏和学习方式的需求。材料的内容运用高级思维技能，将学习经验与家庭和社区联系起来。一方面在对话和互动中完善整体的知识建构，另一方面在同伴、小组以及各种活动中促进儿童个体的活动，从而促进积极、合作、以儿童为中心的学习。课程开发对地方的需求持开放的态度，一方面在国家课程大纲的基础上循序渐进，另一方面支持教师在必要的情况下做出调整，以适应地区和地方的现实情况，鼓励教师根据当地的特点，积极地将材料的内容应用到社区生活中。

使用学习角和教室图书馆也是课程的组成部分。学习角为积极主动地开展不同主题的学习活动创设了空间。图书馆为学生以及整个社区提供支持，成为社区的信息中心。

学生会是一个培养领导力、竞争力与合作能力的学生组织，也是新学校项目的一个创新部分。学生组织各种学生委员会，以和平的方式和学校公民开展各种项目。学生会重视学生的自我管理和决策的能力，鼓励学生、教师和家长积极地参与学校的各种活动。

除此以外，在对单班学校的自动升级重新界定后，升级系统变得更为灵活。学生通过自我监测机制，监督自己的出勤纪录。教师通过进度控制工具，调整学生的学习进度。学生自主完成单元要求，取得教师的反馈之后进入新的模块的学习。基于学习过程的形成性评价在这样的学习和升级方式里，显得尤为重要。

3. 行政策略

在行政策略上，项目争取将行政流程，包括技术支持和督导工作纳入地区层面的工作。在具体做法上，不同的国家依据教育部门的行政架构而有所不同。重点是要保证行政人员和督导发挥支持与建议的作用，避免直接控制。

4. 社区联络

在社区联络上，主要组织教师、学生和家长参与学校的各种活动。活动方案有多种，如绘制学校环境地图、撰写家庭纪录、乡村自述、农事日历等。

新学校模式强调教师培训、课程开发、行政策略和社区联络这 4

个方面不是各自孤立的，而是形成系统，共同发挥作用。每个组成部分的内容和策略都有助于以下 8 个方面。

①学生为主体，积极的、参与式的与合作性的学习。

②与学生日常生活相关的课程。

③更为灵活的时间安排和更为完善的评估系统。

④更紧密的学校和社区关系。

⑤和平的观念和公民的参与。

⑥有效的、体验式的教师培训。

⑦教师的角色从基本事实的传输者转变为学习的促进者。

⑧引发互动和持久对话的新材料或学习指导。

通过积极和参与式的学习，新学校模式有利于以下 8 个方面。

①在新的情境中应用知识的能力。

②认知与思考的技能。

③自尊心的提升。

④和平、民主、合作和团结的态度与行为。

⑤团队小组协作，积极对话与互动。

⑥遵循自身进度的自主学习。

⑦男生和女生平等参与的机会。

⑧创新精神和领导技能的提升。

新学校模式的重点是培训。经过培训，教师要能够引导、促进、反馈和评价学生的学习过程，从基本事实的传输者转变为知识建构过程的管理者，如图 5-2 所示。前面提到培训教师的方法论与他们教学生的方法一致。但是，由于教师在接受教育和形成教学技能的阶段没有接触过相关的课程，要得心应手地运用积极教学法相当不易。在这一过程中，教师需要改变态度，改变在传统教师学院的教育中固化的思想观念和一直在讲台前讲课的教学方法，如图 5-3 所示。新学校模式的成功有赖于教师在复式教学环境中，掌握积极教学法的能力(Mogollon，et al.，2011)。在城市的小学和中学里，这一教学法也同样重要。

图 5-2　教师积极引导、促进、反馈和评价学生的学习过程

图 5-3　新学校的课堂教学活动

三、影响力与适用性

新学校的研究结果反映了项目的影响力。而且，这一范例还表明在扩大规模的同时，要注重质量，注重其适用性和可持续性。

自 20 世纪 80 年代以来，国际和国内机构不同的研究证据都表明，在农村和城市的小学教育上，新学校明显提高了学生的课业成绩，培育了学生的自尊心，促进了他们和平地处理问题的行为方式。

哥伦比亚教育部和国家科学基金会的教育规划官员曾提出，在只有一位或两位教师教多个年级的农村地区，新学校的实施行之有效，辍学率降低了约7%。这也表明，在僵化的升级政策下，许多在农村或城市边缘生活的家庭和学生求学受阻。政府的教育官员指出，新学校项目中的学习指导材料可以帮助学生更有针对性地管理自己的功课，按适合自己的进度完成所有课程单元的学习。这是提高学校保留率，降低学生辍学率的关键所在。在复式教学方面的继续教育培训，提升了教师专业能力，改善了学生的学习状况。新学校项目还有效地把教师从常规讲授中解放出来，为学生学习的过程提供了更多的反馈，为需要帮助的学生提供了更有效的指导，使教师真正承担起引导和促进学生学习的重要角色。此外，新学校还提高了社区对教育活动的参与度。学习不仅涉及学生个人，也带动了社区的共同努力，提升了家长、老人、社区领导等不同利益相关方对教育问题的参与度。

（一）项目评估

在改善低收入学校的教学与学习上，新学校是具有良好成效、能够推广的解决方案吗？一项对新学校模式的评估于几年之后实施。其研究考察了三年级和五年级学生在数学和语言方面的认知能力表现，以及在自尊、创造力和公民行为方面的非认知表现。这一评估为新学校模式的进展状况提供了最有力的实证分析（Rojas and Castillo，1988；Psacharopoulos，Rojas & Velez，1988）。

研究结果显示，新学校学生的平均分高于传统学校。尽管二者分数的差异不是非常大，但新学校三年级学生的数学和语言表现、五年级学生的语言表现都明显高于传统学校的学生。新学校的学生在自尊和公民行为的社会性发展上也显著优于传统学校的学生。然而，他们在创造力和五年级学生的数学表现方面并没有显著的差异。在影响教育状况的因素为标准状态时，这些结果成立。在控制社会和人口学特征的变量时，新学校的作用稍微减弱，不过依然有效。

新学校的效果在数学、语言和公民行为上不受其他变量的影响，在自尊和创造力方面也产生了积极的作用。

此次评估考察还显示，人们对新学校的参与度明显高于传统学校。这些活动包括成人教育(35.60%与28.10%)、农业实践(35.00%与15.80%)、体育竞赛(54.60%与42.50%)、健康运动(82.90%与56.70%)、社区庆典(88.50%与83.30%)等。[①] 麦克尤恩(McEwan)在几年之后又加入了强度变量，选取了不同的样本，采用了更为精确的模型考察，也证实了这一结果。

还有一些来自国际机构的评估也支持了有关新学校模式的研究结果。世界银行(1989)曾将新学校项目列为全世界发展中国家最优秀的3个具有全国规模的教育改革之一。联合国规划署的人类发展报告将新学校项目选为哥伦比亚的3个主要成就之一(United Nations，2000)。联合国教科文组织的报告表明，与所有拉丁美洲的国家相比，哥伦比亚的农村学校在学业成绩上位居最好的水平(UNESCO，1998)。的确，哥伦比亚低收入家庭农村学校的表现超过了城市学校(拉丁美洲地区仅此一例)，突破了社会经济条件对学习的局限，而这是由于新学校的影响。《时代周刊》上曾经有这样一段话："尽管在哥伦比亚有游击战、混乱的毒品交易，以及地方固有的贫困，却有个令年轻人喜欢的地方，在那里有个充满底蕴的教育运动，人称新学校。"

一项关于全国评估的研究发现，在新学校基金会实施新学校模式两年后，学生的语言学习表现提高40%，数学提高69%。一项由伦敦大学教育学院进行的研究还显示，新学校的学生在和平交往与平等参与方面显著优于传统学校的学生，而且家长在家参与教育实践的可能性也逐渐有所提高(Forero，et al.，2006)。皮特发现新学校有助于学生对自身责任与社会的认识(Pitt，2003)。

① 由于样本中有大约一半的学校当时尚未组织学生会，因此该研究中没有涉及。

许多国家评估的结果证实，在新学校模式得到恰当应用的情况下，新学校模式能够积极地影响学生的发展(ICFES，2011)。由联合国教科文组织 2005 年开展的拉丁美洲研究还表明，新学校的教师学习网络，促进了教师合作分享、解决问题和态度的转变。学生小学毕业的语言成绩比没有采用新学校模式的同龄学生高 13.9 分，数学成绩高 17.3 分，在自尊方面高 18.5 分。

在危地马拉，单班新学校(Escuelas Nuevas Unitarias)的学生比传统学校的学生在交流和反馈上更加积极，采用轮流的做法更频繁，也更多地领导学习的过程。其中，女生的表现比男生更加出色(De Baessa，Chesterfield & Ramos，2002)。

尼加拉瓜、危地马拉和菲律宾的研究也表明，在农村地区实施的复式教学为女孩的发展带来了更多的益处。与男孩相比，女孩在学业完成率和领导力技能方面获得了更大的提高(Juarez & Associates，2003)。

越南采用了新学校基金会推动的参与和协作学习的方法来提高学校的教育质量。其中，整合了多个全球认可的做法，包括：①参与式和协作式学习；②自学入门指南；③学生会；④形成性评估；⑤与现实生活相关，整合社区并学以致用；⑥教师专业网络。这些要素的组合旨在激发教育变革和强化学习体验，培育学生 21 世纪需要具备的新的技能和能力。2017 年的影响力评估研究发现，在非认知能力和认知能力方面，新学校比普通学校的三年级至五年级学生都明显取得了更好的效果(Parandekar，et al.，2017)。

对这些相关研究和随机试验设计的研究进行考察，结果显示新学校促进了学生的学业成就、自尊以及社会性行为，有助于认知和非认知能力的发展，培养出了更优秀的学生。

(二)适用性

尽管新学校取得了成就，却历经 10 多年才成为教育部的正式项目。其间的活动包括：①为儿童和教师设计学习材料；②在地方和地区层面开展试点项目；③确保产生量化的和实证的研究结果；④

创建和组织第一个国家项目团队；⑤获得教育部官员与决策者的认可与支持；⑥寻找政治和经费方面的支持等。这些前期活动都促进了项目的完善和巩固，具有重要的影响力，因而推动了国家和地方政治意愿的形成，为新学校发展为普及义务教育的国家战略之一起到了关键的作用。

国家规划部门和地方政府官员的作用对扩大新学校项目的规模十分重要。如上所述，通过成为国家项目，新学校得以在全国推广。然而由于国家分权的影响，新学校项目的执行不再是国家层面的工作任务，而是根据地方政府的情况在地方上执行，财政经费依赖于地方官员的决策。虽然在项目的发展过程中，当地私营机构的支持对于地方试点和实施不可或缺，但是要在国家层面大规模推广，这些机构的作用是有限的。尽管得到了多个国际机构的支持，新学校模式在全国不同地区的发展状况还是良莠不齐。因此，取得公共部门的支持对于提升项目的覆盖率和质量至关重要。在越南等其他国家，新学校模式在公共部门的支持下正在全国各地发展起来。

政治承诺的履行以及有关部门的财政支持是实施新学校模式必须考虑的条件。新学校模式得以发展的秘诀与最初的项目基础有关。多年来，项目得到了中央和地方主管部门的行政支持。监测和评估的信息作为反馈机制用于项目实施的修正和完善。项目的推广逐步展开，这一学习的过程把知识建构与行动直接联系起来。示范模式在全国不同地区都发挥了良好的作用。项目团队由来自不同学科的研究者、规划者、行政人员以及农村教师构成。虽然核心团队随着项目规模的扩大转到领导岗位，但是整个团队一直保持在一起工作。国家协调员连续10多年始终负责这个项目，使项目的实施在此期间进入最佳时期。教育督导承担起为教学方法提供指导的作用，使教室里的创新模式得到了官方的认可(Colbert，Arboleda & Chiappe，1991)。

如果上述某些特征消失，即使新学校模式在当今已经被或多或少地实施，也一定无法产生那样明显的效果。

在国际层面，新学校基金会推动了政治意愿的支持，在国家层面开展能力建设，提高了可适用性。新学校基金会强调通过反思人们学习的方式，促进以学习者为中心的积极、合作和个体化的学习，保证教育的质量、相关性和效益。新学校模式的国际发展规划包括几个阶段和活动，涉及实施试点项目、本土化与文化调适，以及设计配套蓝本等。配套的材料包括学习指导和教师手册样本，辅助在特定国家和地区的不同层面实施项目。这些项目活动和内容通过修订，以适应国际不同背景的需求(农村多个年级、农村单一年级、城市背景、新的群体、非正规教育背景等情况)。

四、对我国农村学校的启示

我国的《国家中长期教育改革和发展规划纲要(2010—2020年)》指出，义务教育的战略性任务是促进公平，提高质量。提高贫困农村地区的教育质量一直是我国教育发展的瓶颈。

在过去的10多年里，我国农村学校随着城市化转型和学龄人口的减少，经历了教学点的撤除与学校的合并，在集中资源提升乡镇中心校的教学质量的同时，形成了城镇大班额和寄宿制学校。2011年全国农村中小学生总体寄宿率达到26.60%。随着相关政策的调整，自2009年以来全国义务教育学校大班额比例减少了40.00%①，偏远地区小型学校增多，教学点的数量增加了16 484个，2015年达到93 035个。② 很多农村小规模学校，为开齐所有的课程，将包班

① 中华人民共和国中央人民政府：《国务院关于统筹推进县域内城乡义务教育一体化改革发展的若干意见》，http://www.gov.cn/gongbao/content/2016/content_5095494.htm，2018-05-24。

② 中华人民共和国教育部：《小学校数、教学点数及班数》，http://www.moe.gov.cn/s78/A03/moe_560/jytjsj_2015/2015_qg/201610/t20161019_285589.html，2018-05-24。

制和复式教学作为教学的形式。然而，有些学校规定的课程开不齐全，素质教育在缺乏教学法模式的情况下无法真正开展。农村教师面临胜任多学科教学与复式教学和发挥小班教学优势的挑战。

基于我国城乡教育一体化的发展路径，顺应农村小规模学校和教学点的发展需要，加大对薄弱学校和乡村学校的扶持，促进教学与学习质量的改善十分必要。①《中国农村教育发展报告 2015》中提出，通过教育进行精准扶贫应该加强农村学校的能力建设。《国务院关于统筹城乡县域内义务教育一体化改革发展的若干意见》还提出，学校在合理布局的同时，应办好必要的乡村小规模学校，培养能够承担多门学科教学任务的教师，到 2020 年基本消除 56 人以上的大班额，着力提升乡村教育的质量。我国西部地区人口相对稀少分散，这些年保留下来的小规模学校对于适应当地教育需求发挥着重要作用。东部地区也已经出台政策支持农村边远地区的学校建设。例如，福建省将继续保留在校生数小于 100 人的农村小规模学校和教学点，通过经费拨付、师资保障、装备配置等方面的扶持政策，推动农村小规模学校和教学点从"小而差"向"小而优"转化。

国家政府和民间社会都在寻求制度创新，从国际社会的优秀实践案例中学习经验，提升教育的质量。在此背景下，新学校模式为我国农村贫困学校的发展提供了一个良好的参照。在上述诸多特点中，有如下 4 个方面的要素值得参考。

①教与学的创新。新学校模式有可能针对当前乡村小规模学校和教学点小班、复式、多科教学的状况，以低成本的投入与改善过程应对这一发展需求，改善当地教育的支持与供给。对于乡村儿童来说，还亟待在传统课堂内部对学习过程进行创新。新学校模式倡导的积极的学习方式恰恰有助于学生自主学习，积极思考，在日常

---

① 中华人民共和国中央人民政府：《国务院关于统筹推进县域内城乡义务教育一体化改革发展的若干意见》，http：//www.gov.cn/gongbao/content/2016/content_5095494.htm，2018-05-24。

生活背景中学以致用，促进合作、团结、服务与创新。这些在大班额和寄宿制学校的教学与管理中也极为重要，对于提高各种学校的教育质量、相关性和有效性都至关重要。

②农村教师的发展。由于长期沿袭传统讲台授课的教学方式，我国农村教师在自身的教育经历中缺少转变教学方式和运用积极学习方式的体验。联合国教科文组织和联合国儿童基金会的报告中指出，要获得21世纪所需要的教育，新学校模式是应该效法的一种模式。即基于坚实的教育理论进行改革，使传统教学模式下成长的教师从讲台前的授课者转变为学生学习的促进者，具备复式教学和多科教学的技能。这正是我国农村教师培训的重要组成部分，也是农村教师支持计划对乡村教师培训的具体目标。新学校模式对教师培训的强调也许能够为改善教学实践、支持农村教师发展提供行之有效的方法，探索有实证依据的可资借鉴的路径。

③适应多样的背景。我国区域发展不平衡，教育文化背景多样，特别是老少边穷地区，差异尤其明显。贫困学校的教与学是发展的短板，也是当前教育精准扶贫战略着力化解的难题。新学校模式在应对年龄、年级、性别和文化等多样性，改善低收入学校基础教育质量方面是公认的最佳教育实践之一。对新学校模式加以调整，采用已经证明具有成本效益的实施方式，有助于为农村地区多元的教育条件和需求提供适宜的解决方案。

④协同创新的机制。教育需要通过全方位的角度和创新的路径，集社会合力，聚焦于学生的学习和发展。新学校的框架加强了系统的改变，从学生发展出发，促进了教师、学校、行政与社区的协同发展。采用自下而上和自上而下的方式，能够形成产生变化的机制，影响教育系统的所有利益相关方以及教育的政策和改革，从试点项目发展成为国家和国际层面的教育创新项目。我国贫困地区小规模学校受到来自师资、生源、经费、家长、环境条件和地方政府等方面的影响，需要通过系统的和创新的路径来促进学生的发展。

在改进学习的质量上，新学校模式能够帮助学生发展创新能力，学习如何学习，引领学习过程，进行团队协作，鼓励平等参与，开展自我管理。互动的课程模块有助于学生开展对话和批判性思考，促进学生把所学应用于家庭和社区。从儿童出发的做法允许学生按照适合自己的学习进度逐步提高。学生可以在学习角使用当地的学习材料，并通过学校政府的委员会和参与机制自我管理。这些做法对于改善教育过程，促进学生全面发展都具有启发作用。

我国已经逐步构建起了学生的核心素养体系。未来明确需要以全面发展的人为核心，培养学生的文化基础、自主发展和社会参与，包括人文底蕴、科学精神、学会学习、健康生活、责任担当、实践创新的素养。这一育人目标与质量评价更加需要在教育的过程中采用以学生为主体的教学方式，发展学生问题解决与合作创新的能力，建设学生、家长、教师互动的学习共同体，带动本地社区的积极投入，使教师和学校系统能够迅速回应不同社会经济背景的儿童的需求(Khan，2012)。而新学校模式能够为这些需要提供支持。当前农村贫困学校的教育面临着全方位的挑战，包括提高学生的兴趣动机与社会参与，提升教师的教学动机与职业发展，加强教师和教学督导的培养，建立教师研讨小组和学习平台，加强家长对学习成果和教学质量的认识，调动学校和地方政府官员的积极性，获得财政的保障和行政的支持，改进教育评价体系，加强社会对小而美的学校的认识等(Chi，Liu & Bu，2014；Ma，2015)。

当然，在新学校模式的实施过程中可能会遇到各方面的阻碍与困难，尤其是在教师培训与政府支持方面。多科复式教学对于教师的能力要求较高，由于学科头绪多，讲课时间少，教学任务重，因而备课时对教学过程的组织、教学时间的分配和教学秩序的处理等，有更复杂的要求。许多正规师范生也未必能完全掌握这种技能，要求乡村教师短期内掌握更是有相当的难度。这需要组织从事教育科研、教育实践与教育政策制定工作的多方人员，来应对可能出现的问题，发展适合本土教育教学发展的模式。

本文描述的新学校模式，也许能够为农村贫困学校面临的问题提供一种解决方案，为我国农村学生有质量的学习带来机遇。

参考文献

[1] UNESCO & UNICEF. Asia-Pacific End-of-Decade Notes On EFA Goal 6[M]. Bangkok：UNESCO，2012.

[2] AERA. Q&A with Vicky Colbert[J]. Lead The Change Series，2013(29).

[3] Colbert，V. Improving the Quality of Basic Education in Low Income Schools Through an Innovative Educational Model[EB/OL].(2015)[2018-05-24]. http：//www. Wise-Qatar. Org/Escuela-Nueva-Colombia.

[4] Schiefelbein，E. In Search of the School of the XXI Century[R]. Paris：UNESCO-UNICEF，1993.

[5] Colbert，V. Mejorar La Calidad De La EducaciÓN En Escuelas De Escasos Recursos. El Caso De La Escuela Nueva En Colombia. Revista Colombiana De EducaciÓN. No. 51[R/OL].(2016)[2018-05-24]. http：//revistas. pedagogica. edu. co/index. php/RCE/article/view/7689.

[6] Colbert，V. Improving the Quality of Education for the Rural Poor：Escuela Nueva in Colombia[M]//Making Education Work：Latin American Ideas and Asian Results. Washington DC：Inter-American Development Bank，2002.

[7] Mogollon，O. & Mogollon，M. Active Schools. Our Convictions for Improving the Quality of Education[R]. Washington DC：FHI360，2011.

[8] Rojas，C. & Castillo，Z. EvaluaciÓN Del Programa Escuela Nueva En Colombia[M]. BogotÁ：Instituto SER De InvestigaciÓN，1988.

[9] Psacharopoulos，G.，Rojas，C. & Velez，E. Achievement Evaluation of Colombia's Escuela Nueva. Is Multigrade the Answer? [J]. Comparative Education Review，1988，37(3).

[10] Mcewan，P. J. The Effectiveness of Multigrade School in Colombia[J]. International Journal of Educational Development，1998，18 (6).

[11] United Nations. Human Development Report 2000[R]. New York：United Nations，2000.

[12] UNESCO. UNESCO's First Comparative International Study on Quality of Education[R]. Paris：UNESCO，1998.

[13] Forero-Pineda，C.，Escobar，D. R. & Molina，D. Escuela Nueva's Impact On The Peaceful Social Interaction of Children in Colombia[M]//Little A. W. Education for All and Multigrade Teaching：Challenges and Opportunities. London：Springer，2006.

[14] Pitt，J. Civic Education and Citizenship in Escuela Nueva Schools in Colombia[D]. Toronto：University of Toronto，2003.

[15] ICFES. Saber 5 and 9，2009. Informe De Resultados De La AplicaciÓN A Estudiantes De Algunos Modelos Educativos[R]. Bogota：ICFES，2011.

[16] De Baessa，Y.，Chesterfield，R. & Ramos，T. Active Learning and Democratic Behavior in Guatemalan Rural Primary Schools[J]. Compare：A Journal of Comparative and International Education，2002，32(2).

[17] Juarez & Associates. The Effects of Active Learning Programs in Multigrade Schools On Girls' Persistence in and Completion of Primary Schools in Developing Countries. Girls' Education Monitoring System[R]. Washington DC：USAID/EGAT/WID，2003.

[18] Parandekar，S. D.，Yamaguchi，F.，Ragatz，A. B.，Sedmik，E. K. & Sawamoto，A. Enhancing School Quality in Vietnam Through Participative and Collaborating Learning. Vietnam Escuela Nueva Impact Evaluation Study [R]. Washington DC：The World Bank，2017.

[19] Colbert，V.，Arboleda，J. & Chiappe，C. The New School Program：More and Better Primary Education for Children in Colombia[M]//Effective Schools in Developing Countries. Washington DC：The World Bank，1991.

[20] Khan，Q. Addressing The Diversity of Students in Rural Areas：Primary Schooling and The Quality Puzzle[M]//Strategies to Achieve Balanced Inclusive Educational Development. Beijing：Institute of International Education and UNESCO International Research and Training Centre for Rural Education，2012.

[21] Chi，J.，Liu，W. & Bu，W. Education，Media and Sexuality Health Serv-

ices for Girls and Women: 20 Years Experience of China's Policy and Practice[M]. Beijing: Path International and China Social Sciences Press, 2014.

[22] Ma, P. F. Problems and Countermeasures for Compulsory Education in the Rural Areas in West China[M]//Access, Quality and Equity: International Perspectives on Compulsory Education Provision. Beijing: China Democracy and Legal System Publishing House, 2015.

第六章　改善教育公平中被忽视的因素：贫困学生阅读理解前的感知学习

为低收入群体开设阅读课程，结果经常令人失望，问题可能出在忽视了感知的学习和练习。感知学习是阅读的源头。在感知学习时，学习者最好一个符号一个符号地学习视觉刺激物，通过样式类比和多次练习把小的元件统合起来，从而加速识别。理解大量文字的前提是字母的平行处理。平行处理的前提是大脑的视觉词形区把单词当作人脸来辨认，逐个字母进行解码。平行处理意味着人们可以同时看到多个字母，快速处理文字，并迅速将文字插入到工作记忆中。如果他们懂这门语言，他们就能理解文意。所以，当教学时间有限时，教师应在字母与单词辨识流畅之后再强调阅读理解和写作。人类学习阅读的途径相同。因此，这个方法对所有的语言都有效，包括中文。对于贫困学生来说，政府和捐助者应该着重进行单个字母的教学，以及伴有教师反馈的学生独立练习。课本的文章需要有一定长度，词间距需要比较大，没有必要用图片。为达到 2030 年的可持续发展目标，各国政府应该开展有关学习效果与记忆功能的科学研究。

一、难以解释的困境[①]

在低收入国家，教学一直都面临着各种障碍。例如，教学时间短，学生缺勤率高，教师培训缺乏，教育程度偏低，课本缺乏或者难度过大，校园暴力频发。这些问题长期以来难以解决。更加严峻

① 本节内容基于海伦·阿巴奇(Helen Abadzi)的文章(Abadzi，2017)编译而成，谨致感谢。

的问题是，贫困的孩子受到的教育和训练非常少，很多学生留级，有的在低年级就中途退学，有的甚至在毕业后还是文盲。在非洲，只有一半的学生具备基本的阅读和计算技能(Winthrop & Mcgivney，2015)。全民教育的倡议虽然普遍扩大了入学机会，但是一些国家出现了一代“上过学的文盲”(UNESCO，2015)。

在这一学业危机中，阅读只是不足挂齿的一小部分。但是从2005年起，捐赠者越来越注重阅读教育，开始注入更多的资金(Chabbot，2014；Abadzi，2008)。遗憾的是，大多数受捐项目的结果不尽如人意(UNESCO，2015)。多年来，仍然有大批的学生不识字，很多学生只能读懂少许的字母或者单词。为了改善这一现状，捐赠者一直都在大力支持当地语言的学习。虽然多数当地语言的发音与拼写基本一致，降低了读写教育提升的难度，但是效果仍然令人担忧(Abadzi，2017)。例如，一个马里语的援助课程把学生的阅读速度从每分钟1.5个词提高到了每分钟3个词，而另一个在刚果实施的课程则毫无成效(Rhodes，2015；RTI，2014a)。即便是一些相对较好的课程项目，其效应量值也普遍在0.50～0.45：孟加拉国、埃塞俄比亚和印度尼西亚是0.50，菲律宾是0.45左右，利比里亚只有0.30(Moore，Gove & Tietjen，2016)。

这些不尽如人意的结果降低了人们的期望值，也让很多政府由此质疑阅读项目所一直遵循的基本前提。低收入国家广泛使用的阅读方法很大程度上是依据已经在中等收入国家测试可行的方法制定的，并且受到英语这种具有复杂正字法的语言的影响。几个世纪以来，在拼读一致的语言中，阅读的训练都相对容易。阿尔巴尼亚人、塞尔维亚人、希腊人、俄罗斯人、德国人或者西班牙人都一直使用一个字母一个字母的字大行稀的课本。为了便于练习，每本书都超过100页。世界上大部分语言都有固定的拼写方式，所以如果没有学习障碍，学生应在一年级的第一学期就掌握阅读的基本技能(Seymour，Aro & Erskine，2003；Harris & Hatano，1999)。

感知和神经科学的研究说明，“传统”的方法相对来说更有效地训练了学生的阅读能力（Abadzi，2008；Marinelli，Martelli，Praphamontripong，et al.，2011；Share，2008）。本节内容从神经认知科学的角度，分析从事国际教育工作者的现状以及拼读一致的语言，呈现对阅读初期的解读，重点探讨的主题如下。

①对字母形状的感知学习和早期视觉因素的重要性。

②大脑排列阅读信息序列的方式以及阅读技巧可以分阶段教授的原因。

③段块切分、练习、反馈和学习曲线的预测有效性。

④视觉词形区域的激活和从线性文字处理到平行文字处理的转变。

⑤工作记忆存储量及其在阅读理解中的作用。

⑥教育程度偏低的教师的培训。

本章还从神经认知科学的角度，讨论一些常见的两难问题。之所以提出这些问题，是因为我们认为要实现2030年可持续发展的目标，在当前有必要采取以科学为基础的阅读观，有针对性地促进低收入家庭学生学习质量的提升。

二、阅读源自感知学习功能

(一)感知学习功能

为了生存，生命体必须快速学会看清自己所在环境的重要特征，并理解与其互动的各种后果。进化使得感知学习相对容易，无须大费力气。感知学习发生在内隐记忆系统中，一般并不需要有意识的努力。不过，练习会使人对形状的洞察力和辨别力大大提高。这也就是为什么医疗人员通过几次培训就能学会在X光片上面发现肿瘤，而在培训前，那些肿瘤在他们眼里不过是模糊不清的阴影。因此，我们一旦具有了对某事物的视觉辨别力，就不容易忘记。

比如，在人们学习辨认人脸或者建筑物时，最初有一个快速进步的时期，然后进步缓慢下来，最后他们会对刺激物形成更清晰的思维图像（Aguirre，2004）。随着不断地练习，大脑会对形状进行分类，并对同类形状按组群进行处理。负责视觉感知的神经回路也在此过程中发生改变(Kumano & Uka，2013)。一旦大脑开始学习感知技能，它就会一直继续。负面刺激伴随着练习出现，在几轮之后，额外学习的效果就会显现出来(Wright，et al.，2010)。与此同时，心理形象的产生也有助于这一学习的过程(Tartaglia，et al.，2012)。虽然揭示视觉和听觉感知学习的研究有很多，但是研究结果很少应用于教学。

感知学习是有局限性的。对于毫无意义的形状，人们很难回忆出来。例如，对不认识的文字里面的字母，人们就经常想不起来(Rock & Gutman，1981)。对于复杂的形状，人们也不容易记起来(Chang，Plaut & Perfetti，2016)。10 个阿拉伯数字的符号不用正式学习，也能学会；但是拉丁文的大约 52 个字母或音节矩阵，就不是仅凭随意学习就能够完成的，因此在这种情况下，系统的教学就是必需的。在记忆过程中，样式类比非常有效。这种方法可以帮助大脑纳入一套符号，并在练习中运用小的组块创造出更大的单元，最终组建出复杂的构造。

正是通过感知学习，人类才得以通过训练辨认脚印、乐谱、数字、数学公式、天文星座、天气预报信号和八卦卜符等。比如，我们具有给阿拉伯数字分组的能力，并熟练到自动化的程度。因此，当我们看到 2 365 678 的时候，我们不仅看到了一系列的数字，更看到了被分块切割的数字组，这样的数字组帮助我们判断数量大小。字母和数字还可以被组合成复杂的数学公式。

那么，文意又是如何从这些分组排列的形状中产生的呢？大脑根据所在环境中的需求来进行释义。动物追踪者可以对人类和动物的足迹进行复杂的推理(Bower，2015)；公式帮助数学家思考趋势；乐谱帮助人们把曲调转移到乐器或嗓音上(Dekker，2015)；字母组合成词，被赋予语义，它们也可以用于表示日期，比如罗马数字的 7 (VII)或者 1817(MDCCCXVII)。

要阅读并理解文义，我们的大脑必须首先把眼睛接收到的一行行的字联系起来。大脑中的视觉区域自动登记下这些单个字的特征，随着练习而组合成各个文化中使用的字母形状。形状在眼睛的正中央会被最清晰地感知。最初，字母必须很大，而且字母之间需要留空隙，但是随着不断地练习，我们就可以逐渐习惯空隙更小、几乎紧挨着，甚至完全是连笔的视觉刺激物(Pelli，Burns，Farrell，et al.，2006；Marinelli，et al.，2011)。

一般情况下，视觉刺激物必须与相关联的声音匹配。在每一个字母都固定地搭配一个声音的时候，感知学习会极其有效地链接视觉符号和声音(van Orden，1987；van Orden，Pennington & Stone，2001)。这个归类组群的过程，与用眼睛、鼻子、脸颊和嘴唇来构建整体脸部的过程类似，也是在大脑识别脸部的区域发生的。在这个区域，大脑同时处理多种形状，而不是一个字母一个字母地按排列顺序进行。此区域一直被称为视觉词形区(VWFA)。科学研究显示，阅读、乐谱识读和数字认读都有梭状回的参与(对阿拉伯数字语义任务的反应，参见 Dehaene & Cohen，2011；Dekker，2015；Cappelletti，Leff & Price，2012)。

面部识别功能让单词的识别具有灵活性。我们识别草书和装饰字母，就像我们从背面和侧面识别人有长发或没有长发一样。我们在会议中可以轻易地识别多个不同的人，而这一能力有助于我们扫描文本并识别页面上的数百个字。如果人类每次只能读一个或两个字母，那么人们至今还都会是文盲。

由此可知，人并非生来就具有阅读文字或者破译脚印的能力。我们视觉系统中的神经元及其相连区域是通过“再循环”来运用这些功能的(Dehaene & Cohen，2007)。每一代人都会学习几套在自身环境中生存所需的符号。大概正是因为这样的原因，视觉词形区不需要完全正确的单词；字母序列相似和合理的伪词就足以进行加工了(Pegado，Comerlato，Ventural，et al.，2014)。因此，视觉词形区的神经构造不具备对文字深层含义的加工功能。

(二)大脑中的阅读序列

熟练的阅读者在与文字互动的时候，发生了什么呢？大多数事件只在毫秒之间发生，无法被意识觉知到，所以一切看起来都是同时发生的。

在所有的文化中，从外国文化到中国文化，负责阅读部分的大脑构造都相同(Perfetti，Cao & Booth，2013)。阅读是一个多结构配合的过程，即使是阅读能手也是阶段性地完成各种神经任务。如图 6-1 所示，神经传导路径起源于视觉皮质，并继续向下传导，联结声音以及后来的语言过程(Gori & Facoetti，2013)。电子化学信号在神经路径上进行传导。最初的视觉过程大约是 170 毫秒，语言信息理解在大约半秒钟的时候加入(对 N400 事件相关潜在组建的研究，参见 Czigler，2010)。视觉刺激物的电子化学信号从视觉词形区转移到音韵相关区，再转移到文意相关区。[①]视觉词形区与外侧裂周区在解剖结构上紧密相连，为字素—音素转换和词汇取用都提供了有效的回路(Bouhali，et al.，2014)。因此，读者在循环再现的环路中得到了几乎是即时发生的声音反馈和意义反馈。

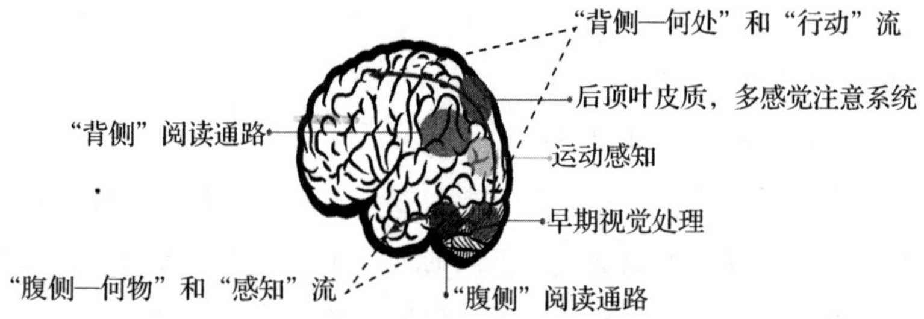

图 6-1 阅读时电子化学信号经过大脑的路径

资料来源：Gori，S. & Facoetti，A.，"Perceptual learning as a possible new approach for remediation and prevention of developmental dyslexia."Vision Research，2013，http：//dx. doi. org/10. 1016/j. visres. 2013. 11. 011.

① 在熟练的英语读者中，视觉刺激的早期效果可以在读词开始之后 50 毫秒左右出现，紧接着在 100～150 毫秒出现最早的持续正字效果，200 毫秒之后则大量涌现出正字和词法影响势力。语义变量的(实质)效果较晚出现，在 300 毫秒左右。词语识别的分级串联互动模式中快进式影响力的佐证，被自上而下的循环处理环路所整并(Dufau，Grainger，Midgley & Holcomb，2015)。再有，人工神经网模型也展现出，人们在不取用语言中的词汇时也可以学会阅读(Pritchard，et al.，2016)。

因此，阅读包括紧凑的序列，序列中的每个阶段都必须经过优化以便为下一阶段输入及时可靠的信息。语义相关的区域是这条路径的终点。所以，在理解文义之前不要死抠字母。比如，如果一个阿拉伯语读者花了 3 秒钟来决定一个词中间的字母到底是“sod”还是“mim”的话，阅读串联序列中其他的环节就有可能无法再继续进行。阅读教学建立在每一项任务智商上，同时必须优化序列。这就支持了首先优化视觉感知过程，再将视觉信息与声音联系起来的阅读教学。这样的教学把联系自动化到几毫秒的时间。

阅读路径的一个奇特之处是人们即使不懂这门语言，也有可能流利地阅读。数百万的孩子在课外班学习课内并不使用文字，有时候甚至没有文字参考。这些语言可能是阿拉伯语、希伯来语或者藏语。如果这些能够流利阅读的读者今后去学习那门语言，他们就可以相对容易地领悟文字的意思。

(三)把词语当作脸部来感知：流利基准由此而来

我们常常以为，在阅读学习中我们的解码速度会越来越快。但是，这并不完全正确。神经认知科学的研究指出，阅读发展大致有两个阶段：自动化前和自动化后。自动化前，解码是一个字母一个字母地，缓慢、费力地进行的。在这个阶段，顶叶和额叶前部掌管注意力的神经网被强力激活(Cohen，Dehaene，Vinckier，et al.，2008)。学生在把字母组合在一起读出声来的过程中获得反馈，并由此而“自学”，如图 6-2 所示(Share，2008；Zeigler，Perry & Zorzi，2014)。①

练习由一些小单元组成。对字母的反应时间在初期快速地减少，而到后期则持平，这一规律与其他感知学习的任务一样(Aguirre，2004；Speelman & Kirsner，2015)。在几小时的练习之后，信息处

① 把声音和形状联系起来也增强了人们的音系意识。有几个教学项目包含了把单词分解成音素的口语练习。然而，提高音系意识的练习只对于像英语、法语这样含有复杂正字法的语言有效。对更显见易学的正字法，音系意识练习的好处就不甚明了(Georgiou，Das & Hayward，2008)。有音调四声的语言可能更需要“音调四声”意识的练习。学中文的学生发展出了“偏旁”意识，能够把中文字拆分成更小的组成元件(Shu & Anderson，1995)。

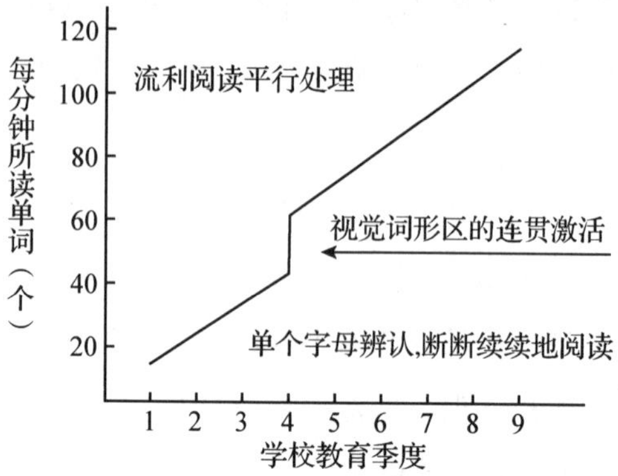

图 6-2　阅读早期从顺序读字母到平行处理的转化

理进次向梭状回的视觉词形区（VWFA）不断转移。然后大脑就开始平行处理字母了，一眼可以看到 4～5 个字母，就和看到面部特征一样（Dehaene & Cohen，2011）。随着不断地练习，大脑处理速度会加快。但是，在处理速度达到一定程度，阅读变得毫不费力之后，视觉词形区的激活程度又会减少。

学生必须达到"脸部辨识"的阶段，才能处理大量的文字，最终明白文章的意思。处理速度的变化一般从按顺序一个字母一个字母地处理，到每分钟 45～60 个单词的平行处理（详情见下一章）。只有在阅读流利时，学生才能把精力集中在信息的含义上（Zoccolotti, et al.，2005）。对于相关的阅读速度没有专门的研究，但德阿纳和科恩（Dehaene & Cohen，2011）的数据有助于了解速度所在的区间。

欧洲各国的研究（如 Seymour，et al.，2003）显示，就有固定拼写的语言而言，一般的孩子在一年级结束时就能在阅读方面达到 100％的精确度，并可以平均每分钟读 40～60 个字词。这就提示我们，除了少数有学习障碍的学生外，所有的学生都至少能在二年级结束时达到平行处理的程度。感知和神经认知科学的研究也指出，学生需要教师教他们每个字母的形状和发音，而不是整个单词的。

但是，贫困国家在启蒙教学阶段使用的很多教学方法，把宝贵而短暂的课堂教学时间花在了教字母名称和文字解释上面。还有的课堂是从一整句话开始，然后聚焦在一个可能有不认识字母的单词上，最后才聚焦在某个字母上面(Ministère de l'Education Nationale，2006)。这些方法可能都没有给学生足够的机会去解码，并把几个字母联系在一起，直到视觉词形区接管成功。目前尚未有人研究过平均练习时间这个课题，但是很多课程的结果表示，学生练习时间远远没有达到能够平行处理程度要求的时间长度。因此，忽视练习、感知学习就无法产生应有的效果，阅读项目的有效性也因此而降低。

由于儿童大脑自动化识别各种字符的能力是有时限的，所以重视感知学习功能非常重要。一些参与感知和动作的神经回路是有敏感期的(Thomas & Knowland，2009)。例如，年幼的动物必须在出生后不久就学会辨识形状。同样，对于人们学习文字来说，达到自动化程度的能力在 18 岁之后就会降低(Abadzi，2012)。过了 18 岁，随着年龄的增长，成年人把新学到的文字分组并达到自动化的程度越来越困难。他们可能永远只能看到一堆混乱的字母，并且只能一个字母一个字母地去读。因此，在儿童时期就获得并一直保持流利阅读的能力，是非常重要的。如果孩子在能够流利阅读以后才辍学，街道上的各种文字和标识就有可能提供足够的练习机会，帮助他们维持阅读水平。但是，如果在达到流利阅读之前就辍学，他们就有可能忘记如何阅读(Hartley & Swanson，1986)。

三、工作记忆容量和阅读理解

(一)工作记忆容量

大脑中有很大一部分都是供意义和语言专用的，尤为显著的是颞叶的威尼克氏区。由此，理解字面意思是大脑的一个基本功能，并不一定需要有人教授(Devlin，2010)。例如，英语的“I open the window”在中文里的意思是“我打开窗户”。

如果人们马上想起单词、语法和短语的精确意思，并且了解背景知识，就可以明白字义。要做到这一点，他们必须要把一条信息保存在短期记忆(工作记忆)[①]中足够长的时间，才能够懂得其意义。这个临时存储的空间容量非常有限，因此，大量的文字必须快速流过，它们的含义需要在毫秒之内就被理解。冗长复杂的句子、单词含义模棱两可，或者不符合主流语法的方言，都会挤占短暂理解时间，吞噬掉那些宝贵的毫秒，从而影响阅读的理解与速度。

阅读熟练的读者能够连续地将输入的信息与工作记忆中已经存储的信息整合，在记忆中产生前后一致的表象，简明地反映出想要的信息、主旨和观点。阅读技能不太熟练的读者只能将较少的内容导入工作记忆。因此，在他们的记忆中，对所读的东西产生的关联较少，在观点的整合上也缺乏一致性（Smith & O'Brien，2016）。

如果人们可以在工作记忆里面保存信息，就可以读懂文本内容。然后，才能更深入地思考某个论题。当人们刻意去搜索信息时，会给工作记忆增加负担，结果往往会产生疲劳，让人失去耐心。[②] 所以，只有让工作记忆从逐个字母的搜索辨识中解放出来，学生才能理解阅读内容(Pegado，et al.，2014)。对于某些概念，如果需要更长的解释时间，就可能从工作记忆中流失。

因容量有限，工作记忆显示出“序列效应”。一条信息的开头和结尾可能会被记住，而中间的部分可能就会被遗忘(Gupta，et al.，2005)。一分钟阅读测试是低年级阅读测验(EGRA)中的一套小测验，每一分钟的阅读伴有5个阅读理解题目。测试的目的是测定学生的工作记忆容量。每一个位置的正确率则代表题目难度。由于各国的教育工作者对试验程序的理解水平不一，有时候他们允许学生反复阅读之后再答题，如印度尼西亚的EGRA(RTI，2014b)。因此，这一阅读理解测试的有效性就丧失了。

---

① 工作记忆是含有当前头脑中暂存信息的仓库。它包含了一个听觉音韵存储器(短期记忆)，一个存储图像的视觉空间画板和一个中央执行器，这个中央执行器暂存着来自外界的新信息和由此而从长期记忆里面调取的以前记住的信息(Baddeley，2003)。

② 长时间的认知负荷与身体副交感神经活动的“休息和消化”功能降低以及身体交感神经活动的“战或逃”功能增强有关(Mizuno，Tanaka，Yamaguti，et al.，2011)。因此，人们都会积极主动地停止冗长的脑力活动。

计算每分钟阅读字数的依据在教育界一直颇有争议。简单来说，这一基准可以用工作记忆的容量来解释。20 世纪 50 年代的研究发现，工作记忆大约可以把 7 个条目保存 12 秒(Miller，1956；Peterson，et al.，1959)。这主要是因为实验中使用的字母组合与初学者的阅读材料类似。新近的工作记忆模式更加复杂(Alloway，et al.，2013；Gilchrist & Cowan，2010)，对定义简单阅读任务的存储容量并无助益。然而，当阅读速度达到每分钟 60 个单词的时候，视觉词形区就已经被大量激活了(Dehaene & Cohen，2011)。因此，一分钟阅读测试探究的是平行处理能力。所以，当人们使用的语言在计算词汇的方法上相同的时候，每分钟 45～60 个单词就可以作为基准。

(二)阅读理解过程

读得慢当然也可以读懂，尤其是经过反复阅读后。我们可以每分钟阅读、理解 5 个单词，但是 5 个单词的信息量非常有限。而且，人们可能没有耐心去费力气一个字母一个字母地再去读后面 5 个单词了。

在读者出声朗读时，我们通过语调或韵律就可以判断他是否真的读懂了。达到自动化的读者，视觉解码的速度比他们出声诵读的速度要快；在读懂的时候，他们的朗读绘声绘色，如同身临其境地说话一样。相比之下，如果读者的朗读没有语气，则说明他们可能没有明白文字内容的意思。

为了简化概念，我们应该首先测试学生对字面意思的理解。而在高收入国家，“理解”通常用于表示推理和预测。这就需要学生掌握超出字面意思的知识，也需要教师能够熟练地提出深入性的问题并引导学生得到正确的答案。推理是一项重要的能力。但是，只有在学生获得平行阅读处理能力之后，推理才能更容易。知识广度也会影响推理，知识不渊博的学生就会认为推理性的问题难度更大(McBride-Chang，2016)。一些阅读测试把字面意思和更复杂的理解混合了起来，这就使得测试结果难以诠释。

什么时候应该把教学聚焦在阅读理解上呢？中等收入家庭的孩

子处理信息的速度往往比较快，也拥有丰富的词汇量。因此，在高收入国家，对一年级学生来说，仅仅达到字面理解是不够的。“理解”文章经常需要推理和预测，需要学生具备文章之外的知识背景。贫困学生在相对复杂的语言学习上缺乏练习，词汇量也有限，同时还可能很少使用课堂上那种学术化的语言(Hart & Risley，1995；Paxson & Schady，2005)。一些阅读项目为了弥补这方面的不足，把起步阶段的课堂时间用在了讲授生词和理解策略上。

理解策略虽然重要，但是当学生阅读达到平行处理并理解字面意义之后，推理就会更顺畅地进行。系统的词汇发展依赖于语义记忆，这是在儿童时期最后发展的记忆系统（Mitchell，1993；Rovee-Collier，Hayne & Colombo，2001)。然而，低收入家庭的儿童可以使用隐性记忆将阅读的视觉线索自动化。如果孩子能阅读文本进行练习，就有可能提高解码速度，更快地学习语言。除非课程允许多个时期同时发展阅读和口语，否则将学习的重心放在文意的理解上，反而会影响学生的进步。这就是为什么在贫困的地方，自动化应该优先考虑。

(三)中文阅读的一些特殊方面

中文阅读的相关研究非常浩瀚，本文无法全部涵盖。大量研究显示，中国儿童在学习阅读时和其他国家的孩子使用的大脑区域相同(Perfetti & Cao，2012)。如果让学生从形意简明易懂的拉丁正字(拼音)开始学习，那么这最好在一年级的前两个月内完成。显然，这种标音系统学生很容易掌握(Shu & Anderson，1995)。然而，这种明晰的字母表对于中文学习来说远远不够。中文的字音和四声形成了大量的组合，而且意义含糊。因此，学生必须系统地学习偏旁部首和字的结构。

中文词语在形态学上有两层结构。有 80%～90% 的词由两个或两个以上的字组成，每一个字都代表一个独立的意义。在很多字的内部，还有一层结构。有很多字的偏旁表示意义，而另一部分则表示声音或者提供发音线索。大量的汉字(通常 100 个以上)都拥有同样的偏旁部首。大多数情况下，一个字的字义与它的偏旁部首的意思有清晰的关系。例如，烛字的火字旁，意思就是火。另一些汉字的偏旁与字义的关系却模糊不清，这些汉字的偏旁部首与字义没有什么关系(Shu & Anderson，1995)。有一些字只有单一成分。

对于外国人来说，中国字是奇妙莫测的。但是，中文的书写系统也同样依赖于人脑中的信息处理参数。解码在很大程度上是依据意义对形状进行分类。相比偏旁在字词中位置的多种变化，其形状和字音是基本对应的。

(四)为受教育程度低的教师简化阅读教学活动

如果由受教育程度高的教师来教，低收入学生的成绩会更好。水平高的教师能马上从自己的长期记忆里面提取一系列的教学活动，并对每名学生因材施教。人们在受过更好的教育之后能够了解更多与话题相关的知识，因而更有可能长期地记住所讲的信息(Bahrick & Hall，2005)。但是，低收入学生的教师往往教育程度低，也没有受到过良好的培训。对于识字扫盲教学来说，这暗含着很大的问题。教师自己有可能阅读速度慢或者计算速度慢，因而他们的工作记忆可能很容易超负荷(Feldon，2007)。这些教师也可能容易感到疲劳，想避免开展某些教学活动(Guastello，Boeh，Shumaker & Shimmels，2012)。结果，他们在课堂教学中就不能完成太多的教学任务。

很少有人评估受教育程度低的教师实施教学的能力，以及他们记忆的方法，因此无法确定他们在独立管理课堂时如何教学。教师删减教学内容、缺乏教学方法，会影响课程的有效性。然而，教师培训人员总是在连续几天的培训中，推荐各种教学活动。有些活动对于受教育程度低的教师来说过于复杂，而且他们也难以在培训后就自然而然地、得心应手地开展这些教学活动。

那么，从研究中可以得出的结论是，任务种类和数量越多，成功执行任务的概率就越小。例如，在马里有个教师培训项目向教师推荐了7个教学步骤，每一个步骤里面又包含7个小步骤，一整套下来一共49步，而教师们每天都必须按照步骤教学(Rhodes，

2015)。步骤过多，实施结果当然不理想。因此，对受教育程度低的教师来说，选择科学证实的最有成效的 3～4 个教学活动是更为稳妥的做法。

四、关于阅读理念与政策的一些看似不合理的启示

有关低年级阅读特征的研究可以对学生的成功做出一些推论。但是这些推论对一些教育专家来说，可能看起来不合理或者违反直觉。下文就来讨论和解释这些颇具争议的观念。

(一)如果你读不懂文意，你就仅仅在解码吗?

一些教育专家认为，“阅读”这个词表示人们理解了所读的内容；流利的读者如果不理解文意，只能被看成在解码。但是如前文所述，人们并非只是越来越快地解码，而是脑部视觉词形区域从线性文字处理到平行文字处理的转变。

而且，在历史上“阅读”的定义是不以理解为先决条件的。在许多不同的语言中，“阅读”一词与发音有关，可能指大的声音，而不是理解意思。例如，阿巴尼亚语中的“lexoj”源于希腊语的“词”；俄语中的“читать”源自拉丁语，表示引用、背诵；英语“读”与德语“reden”有关，表示说；马尔加什语有长达几个世纪的书写传统，阅读是“mahavaky teny”，表示“破解字的能力”。马尔加什语中这个有 2000 年历史的例子是将阅读和理解区分开来。①

儿童可以不理解某门语言就能流利地诵读其文字。这一事实也说明阅读不以理解作为前提。宗教阅读句是一个很好的例子。因为研究数量少，所以各种文字达到熟练诵读所需的时间无从知晓。数百万的学生在课外学习那些课内并不使用的经文，有时候甚至没有文字稿作为参考。如果一个字母一个字母地教，在感知功能的作用

① 词义是用网络和纸质的词典查询的。在一句希腊文中，一个人被问到他是否能读懂他所读的文字。[“你明白你正读着的文字吗?”(Αραγε γιγνώσκες α αναγιγνώσκεις?)]；这里例子里面的单词“αναγιγνώσκεις”(anagignoskis)，其字面意思是“重新知晓”，这暗示着古人因为书籍匮乏而阅读速度缓慢，因此他们需要重复读很多次才能读懂文字(Cribiore，1996)。

下，礼拜阅读就很容易学。即使是藏语[①]那样有复杂规则的语言，正字的强一致性也会对学习阅读有极大帮助。这个范例对阅读课程非常重要，因为，它说明了流畅度优先于理解。

强调解码的早期阅读练习在古老的阅读中也比较常见。考古学家发掘出土了很多希腊文、埃及文和罗马文的诵读练习文章。这些文字呈现出规律性变化的音节、非单词性类比和模型样式类比(Cribiore，1996)。传统的阅读练习说明阅读的首要前提并非理解，而是感知学习。如前所述，视觉词形区甚至可以被无意义的字母序列激活(Pegado，et al.，2014)，理解只在阅读路径的最末端才出现；如果理解出现在阅读路径中更早的位置，那么礼拜阅读就是不可能的事情了。

(二)学生会不会每分钟读60个单词，仍然无法理解文意?

低年级阅读测试数据和工作记忆功能都显示，平均来看，当学生能以每分钟45～60个单词及以上的速度阅读时，他们就能根据阅读内容回答考察字面意思的问题。而国际上，一些教育工作者却引用了相反的案例——学生们可以用这个速度阅读，但是他们几乎都没读懂。其中的原因有可能是学生的流利程度被高估。这个现象背后的原因值得进一步研究和解析。

在英国，有10%的学生因工作记忆过短而阻碍了对意义的理解，或者阅读速度需要提高(Alloway，et al.，2013)。贫穷国家的数据还是未知。阅读障碍的出现存在着很多解释。也许有的学生专注于阅读成绩，却并没有认识到可以从阅读中提取含义；也许在自动化之后还继续大声朗读阻碍了工作记忆的存储。科研仍需进行，尤其是用神经成像来检测阅读路径沿途的神经激活情况的有关实验。为此，

---

① 很多教会学校的学生能记住经文却不一定能流畅地阅读。礼拜阅读(liturgical reading)使用的一种语言程式，会使我们的大脑统计一些词出现的记录和频率，因此读者可以预见出可能会使用的词。视觉词形区的激活可能很像一片脸的汪洋，这些脸的形象我们熟悉，但是它们的名字和它们之间的关系我们却不熟悉。礼拜阅读不需要读者精准的理解，所以他们不需要在工作记忆中保存文字。因此，他们能在阅读速率低的情况下进行宗教活动。

事件相关点位仪器可以在科研场所被用来进行研究[①]，但是对低收入国家来说，此类研究很难在较短的时间内得以实地进行。

一些专家试图用含有5～6个问题的一分钟阅读理解测试来预测学生每分钟可阅读的单词数量(Graham & Ginkel, 2014)。然而，这些研究都有问题。理解并不是一个单一的变量，因此测试结果随着学生使用的阅读技巧的改变而不同(Cutting & Scarborough, 2006; Kendeou, Papadopoulos & Spanoudis, 2012; Keenan, Betjeman & Olson, 2008)。而且，理解条目也不能跨语言画等号，同时也不清楚他们测试的是直接的事实性题目，还是推理性题目。这些研究也没有测量或控制关键性变量，如字体大小和字间距、工作记忆跨度、单词长短效应和理解速度。所以，也无法对其研究结果进行解释。

有些研究者说希望看到学生默读或停止指读。但是，也许是为了循环利用工作记忆中的信息，阅读艰难且阅读速度慢的人感到自己需要读出声来。同样，流利但阅读速度慢的读者可能会使用指读来在具体单词上集中精力，也许是因为一旦眼睛扫过了这些单词，就不容易再找到它们。(与此类似，计算不流利的人，会使用自己的手指头去数数)。最终，人们会在他们神经系统的能力范围内达到一定的阅读速度，而这也在一定程度上依赖于练习和先前的知识。

(三)学生是通过图片来学习阅读的吗?

人们普遍相信，孩子是通过图片学会阅读的。在英语里"a"代表着一个苹果，因为苹果这个单词以字母a开头并且发出字母a在单词中的常见发音。教育水平高的家长给孩子很多书并多次重复。这种方法的确有可能有助于学生的阅读。但是一项美国的研究提出，使用图片可能反而对阅读成绩有损无助(Didden, Prinsen & Sigafoos, 2000)。一项南非的眼动追踪研究也显示，阅读水平低的人

① 视觉词形区域的激活情况可以用事件相关电位测量。左半球对字母串的偏侧化可以通过刺激呈现178毫秒后的N1电极测量(−2.09 μV)，测度以微伏计。阅读状况的改善能够监测到；每分钟增加一个词估计增加20毫微伏特偏差(Pegado, et al., 2014)。

会先看图，而不是先试图理解文字(Van Rooy & Pretorius，2013)。阅读水平低的学生会因此而误导教师对他们能力的评估。

工作记忆和注意力限度也可以解释为什么学习初期图片对阅读没有帮助。对于阅读初学者来说，他们所有的精力都用于用手指点读单词，而会忽略页面上其他的信息。看图并把图文连接起来，需要在达成自动化之后。因此，图片最好留到二年级再使用，那时学生已经成功获得了平行处理能力，他们可以很舒适地在工作记忆里保存从文字及图片中获取的信息。实际上，图片可能会很有效地解释文字内容，尤其是那些画得清楚又与内容相关的图片(Marinelli, et al.，2011；Dejongh，2014)。

感知学习需要大量的阅读来练习使用相关的符号。但是贫困的孩子却缺少提供合适的字号、间距和词汇的书籍，来充分练习阅读解码。[①] 从世界范围来看，教科书一般页数普遍较少，经常只有50页，还带有大张颜色鲜艳的图片。这也是很多中产阶级家庭为孩子买书的偏好。从功能上来看，这些书在贫困环境下也能发挥作用，但前提是孩子们能有很多本书读，并且价格不贵。但是贫困国家都苦于书籍匮乏，一年级的教科书可能是正在学习阅读的孩子唯一可用的书。在这样的情况下，图片会占用书的空间，文字部分不多，所以这样的教科书最好用于阅读练习。

那么，怎么设计一年级教科书呢？图片的使用是没有必要的。在形意清晰的拼音文字中，早年间使用的教材中文字部分占有很大比例，这可能是由于20世纪早期书籍匮乏。例如，20世纪初的一年级希腊文教材中含有大约5 000个单词，共约190页，字号很大，并且另设课程教授大写字母和小写字母(Gianelli & Sakka，1955)。教材由两部分组成，前半部分是教学指导，后半部分有故事。为了有效地发展认读自动化，课本需要有很多的内容，因此必须重印厚书。

① 有些语言的字母串列很长，也会在视觉上产生问题并降低解码速度。这也包括黏着语，如非洲斑图家族语，还有一些因历史原因把词语连起来写的亚洲语言。研究表明，暂时在词语元件中插入空格有利于流畅阅读(Winskel，Radach & Luksaneeyanawin，2009；Kohsom & Gobet，1997)。

这类书的编纂可以在各种程序软件的帮助下于几周之内完成(Iyengar, Karim & Changwira-Betha, 2016)。

(四)在开始读的时候写有多重要?

写是表达思想的途径，所以写的自动化也是必需的。写字的动作可以帮助人们强化相关信息的记忆(Dijkstra, et al., 2009)。大量练习写字会帮助自动化的建立，有助于学习者在遗忘之前在纸上快速地表达出思想(Parker, Tindal & Hasbrouck, 1991)。

然而，对于字母的识别和自动化来说，写字却不是必要的条件；感知学习可以在不写字的情况下进行。大脑成像的结果表明，阅读的网络逐渐发展，渐渐调整、修正网络来适应写作(Perfetti & Cao, 2012)。而且，程序记忆研究指出，在达到自动化之后，儿童可能会写得更快。科研还发现决策训练比行为训练更有效，书写速度加快是认知速度提高的结果，而不是动作速度提高的结果(Vickers, 2007)。

当然，最佳的情况是学生有充足的课堂学习时间和学习资源，以供读写同时进行。但是在低收入环境中，这种教学方法可能无法实现。贫困的学生在教室里可能要花很长时间抄写，而且仅仅是涂画出一些他们不知道怎么念的字母。也许在读写学习开始的两三个月里，写的练习应该适当减少，直到学生掌握了重要的解码技巧。这是一个需要继续研究的假说。优化写字的练习来巩固阅读也需要进一步研究。

拉美的一些教育工作者讨论了虚构拼写和写的精神发生学对儿童学习的益处(Ferreiro & Teberosky, 1988)。教师要求孩子们猜想一个词的拼写，并按照自己的想法写出来。这个教学活动可能对中产阶级的幼儿园来说非常有趣。在这些幼儿园里，教学时间充裕，又有受过良好教育的家长或教师跟踪反馈。但是，在低收入地区，这种方法的效果并没有科研证明。把这样的方法介绍给像马里这样的贫困国家(Rhodes, 2015)可能会浪费本来就稀缺的阅读练习的时间。

(五)如果家长读给孩子听，孩子能学会阅读吗？

捐助者经常建议家长和教师读书给孩子听，希望孩子能以大人的阅读行动为榜样，习得阅读的习惯。孩子当然可以学习阅读的动作，但是他们能学来阅读的速度吗？自动化研究的结果表明，虽然榜样的作用会带来学生阅读小幅度的增益，但是事实上并非如此(Dowrick，Kim-Rupnow & Power，2006)。给孩子读书可能又是英语及其高难度拼写的一个偏执倾向。对希腊文和芬兰文的研究表明，在形意清晰的拼音文字中，即使家长不给他们读书，孩子们也能学会阅读(Share，2008；Georgiou，et al.，2008，2009)。

当然，孩子需要听到故事情节并学习词汇，但是口头讲故事就足够达成这样的效果了。家长读书给孩子带来的真正益处还有待研究。

(六)孩子应该在学龄前就开始阅读吗？

关于学龄前儿童阅读有哪些益处，研究结果主要是基于中等收入国家和英语国家的。这些研究大多包括基本阅读教学，所以关于阅读的建议也普遍扩展到了其他语言。然而，英语相对于很多的语言来说是一个例外。英语拼写的复杂程度与读写困难症的高发率有关(Paulesu，et al.，2001)，所以，讲英语的孩子有可能从早期阅读课程中受益，尽早发现阅读障碍问题。

对于拼写稳定的语言来说，阅读早教可能并无增益。国际上的研究发现，对正常儿童来说，学龄前阅读训练对阅读理解的正面效果到了小学五年级就没有了，有时候反而还会产生负面影响(Suggate，2016)。学前教育的时间可以更有效地用在发展对数字的感觉、空间感和大脑执行功能上。如果贫困学生能尽早开始这些技能的训练，到小学一年级发生阅读困难的可能性就会减少。因此，我们希望广泛倡导，把珍贵的学前教育时间用在数字、空间和语言教学活动上，阅读理解的训练留到小学一年级再开始。

(七)在社会中如何发展阅读文化？

低收入地区的政府工作人员和捐赠者经常感叹，有些贫困地区缺乏阅读氛围，更没有为快乐而读书的文化。当前，世界各地正在积极开展包括非洲故事书项目(the African Storybook Project)等多个类似的项目，响应专为贫困人群提供图书的倡议。的确，社区和家庭读书识字活动也对阅读起着重要的作用。

然而，阅读的开展依赖于先前阅读的流利程度和容易程度。如果读得毫不费力并以适度的速度处理语言，人们就会享受读书。要做到这一点，就需要早早开始练习，提高速度，发展语言，从而迅速理解。这是为贫困学生传输阅读理念、创建阅读文化的最好的方法。

(八)关于高效阅读教学的推论与结论

对于阅读的常识性观点好像是“语言当先”。但是，在低收入地区的课堂和多语言国家，学生可能会从“感知学习当先”的方法中受益。

为有效地针对贫困学生开展教学，我们必须为他们的大脑提供最容易的学习方法。研究指出，当时间有限的时候，教学可以依照阅读成分的次第顺序进行。阅读次第可以大致依据通过大脑的阅读刺激顺序来进行。教学和练习的重点在早期视觉处理上，是为促进复杂认知而加速视觉认知的过程。同时强调写作和理解会减慢速度，并把这个本来很典型的视觉技能给复杂化了。解决21世纪阅读危机的答案可能存在于2世纪的实践中，而那些实践显然是大多数人都可以做到的。

“语言当先”对语言学家和教育专家来说是合理的，尤其适用于英语，也符合中产阶级的经历。对于一些教育工作者来说，“感知学习当先”可能看起来很狭隘或者不够充分，尤其是当他们相信所有的方法都能帮助穷人时。但是忽视生物学的规律是不明智的。神经系统就如同火车的轨道一样，大大小小的火车都要从上面经过。阅读教学活动需要在各种情境下都能够进行，在执行过程中因地制宜。但是，核心的大脑运作处理过程必须完成。

为了在正规教育中有效达到阅读自动化，形意清晰的语言使用会让阅读学习更加高效，即使学生可能并不十分擅长。[①] 教学字符必须使用小单元教学法，因此每天教一个字或每隔一天教一个字更加稳妥。神经元每次只能建立几个联结，所以每次让大脑学习几小块更有效(如单个字母)。验证反馈很关键(Share，1995；Ziegler，et al.，2014)。神经运作可以解释为什么发音中心语文教学法比整体单词教学法更有效率（Ziegler，et al.，2014)。要建立神经回路的联结，使其认识单词，并连接到大脑的理解区域，就需要很多小时的分布式练习。

为此，教师需要大致5 000字的分级订册的教科书。类比的方式可以用来促进型样识别。教师必须给学生看字大行稀的字母和一些字母组合，并且把大部分课堂时间都用在学生个人练习与教师简短的更正性反馈上。(即使一个班里有60名学生，也是可以办到的。)[②] 在大班教学和教学与反馈时间有限的情况下，学生自学环节(Share，1995；Ziegler，et al.，2014)就显得格外重要了。

在3～4个月循序渐进的型样和片段练习之后(约100个教学日)，学生就可以在工作记忆中保留一整句话了。如此，词汇、书写和内容更容易相互交织，也更易在工作记忆中提取(Abadzi，2013a；Iyengar，et al.，2016)。

语言的表达必须得到发展，但是形状的感知学习并不依赖于语言和图片。同时发展阅读和表达的方法是分别用不同的时间段来学习：一堂课教口语(适用之处也包括使用正式教学用语)，另一堂课聚焦在阅读教学和练习上，尽量不添加口头讨论。如果课堂时间不够，像一年级社会研究或科技这样的科目，可以重新分配到阅读课中。当几乎所有的学生都达到自动化时，这两种能力在二年级或三年级的时候，就可以像编麻绳那样交织在一起了。

---

① 对于普遍使用英语方言的国家来说，可以在达到自动化之前使用形意清晰的拼音正字法。例如，塞拉利昂的克里奥语和牙买加英语的帕特瓦方言。

② 在独立阅读开始的时候，指导和鼓励非常重要，因为学生有可能坚持不下去；大脑的执行功能也需要发展。日常观察的结果表明，模仿在页面上移动手指并假装阅读比真正专注在字母上更容易。

本文中提出的阅读策略是可行和有效的吗？千年村项目(The Millennium Villages Project)于2014年在马拉维农村进行了试运行。有大约1 120名学生参与了15周每周3～4小时的午后选修课。具有中学文化水平的社区工作者经过3天培训，教学单个字母和字母组合，然后请学生们独立阅读并给每名学生几秒钟的反馈纠错。在练习方面，这个项目使用了一本在奇切瓦编撰的4 000字大间距无图教科书。这本书历时3个星期完成，并在当地书店复印出来。最初，测试组每分钟可识别出5.7个字母(正确率24%)，课程结束时每分钟可识别19.3个字母(正确率62%)。相比之下，对照组则没有显示出任何进步(Iyengar，et al.，2016)。由于教师在阅读练习和反馈上经验不足，因此成果有限，但该课程的学生分数仍然超过了其他捐助人的更加复杂且昂贵的课程。2011年，在冈比亚，人们使用类似方法教学波尔语阅读，学生可达到每分钟识别45个单词，而此方法也强调了独立阅读(Zafeirakou，2014)。这个方法提示我们，在学习有固定拼写法的语言时，只要聚焦在感知变量上面，全世界的人应该很容易就都学会流利地阅读了。如果没有政局不稳和政策相关的挑战，低收入国家应该根据这些科学发现来进行教学，只用7年时间就可以消灭学生不认字的问题(Abadzi，2013b)。

无人知晓的“低级”变量却是影响着贫困生成绩的重要因素。这提示我们，教学方法的选择不仅仅要建立在“实证性证据”的基础上，还应该建立在科学的基础上。科学基础允许我们依据明确的因果链条，形成合理的假说，并测试其正确性。它也意味着，足够的研究工具、取样、对照和复制，可以把现有的科研(常为高收入英语国家的科研)“翻译”成各国语言文字。

很遗憾，捐助机构无意中传播的信息有误，还把经费用在了成果不显著的项目上。这让本来只是个小土坡的阅读，变成了一座大山，可怜的孩子们都从陡峭的山崖上面滚了下来。对记忆和感知的研究必须取代习以为常的信念、误解和偏见。我们需要大量的科研来揭示贫困学生学习阅读的诸多未知方面，不过现在已知的研究结果也可以为阅读领域的科研人员提供指导。

阅读是联合国 2030 年可持续发展目标的一项议题，但是相关各方难以制定具有全球效度的目标和基准。科学发现为此提供了一些答案。全世界的人在阅读时都使用类似的大脑通路，因此这也正是认知神经学家可以影响国际教育的一个契机。希望被忽略了的神经认知学研究可以在 2030 年以前得到重视和应用。

参考文献

[1] Winthrop, R. & Mcgivney, E. Why Wait 100 Years? Bridging the Gap in Global Education[M]. Washington, DC: The Brookings Institution, 2015.

[2] UNESCO. Global Monitoring Report[R]. Paris: UNESCO, 2015.

[3] Chabbott, C. Institutionalizing Health and Education for All: Global Goals, Innovations, and Scaling Up[M]//International Perspectives On Education Reform. New York: Teachers College Press, 2014.

[4] Abadzi, H. Efficient Learning for the Poor: New Insights into Literacy Acquisition for Children[J/OL]. International Review of Education, 2008, 54 (56) [2018-05-24]. http://Dx. Doi. Org/10. 1007/S11159-008-9102-3.

[5] Abadzi, H. Turning a Molehill into a Mountain? Why Reading Curricula are Failing the Poor Worldwide[J]. Prospects, 2017, 46(3-4).

[6] Rhodes, R. Reading Reform at Scale. The Case of the 3. 5 Years of the Mali/PHARE Program. August, 2008-March, 2012. Paper Presented at the Comparative and International Education Conference, March 8-15[R]. Washington DC: International Education Conference, 2015.

[7] RTI (Research Triangle Institute). PAQUED: DRC; Projet d'AmÉLioration De La QualitÉ De l'Education (PAQUED): 2014 Endline Report of Early Grade Reading Assessment (EGRA) and Early Grade Mathematics Assessment (EGMA)[R]. North Carolina: Research Triangle Institute, 2014a.

[8] Moore, A. M., Gove, A. & Tietjen, K. Great Expectations: A Framework for Assessing and Understanding Key Factors Affecting Student Learning of Foundational Reading Skills [M]//Gove, Progress Toward A Literate

World: Early Reading Interventions in Low-Income Countries. San Francisco: Jossey-Bass, 2016.

[9] Seymour, P., Aro, H. K. M. & Erkskine, J. M. Foundation Literacy Acquisition in European Orthographies[J]. British Journal of Psychology, 2003, 94(2).

[10] Harris, M. & Hatano, G. Introduction: A Cross-Linguistic Perspective on Learning to Read and Write[M]//Learning to Read and Write: A Cross-Linguistic Perspective. Cambridge, UK: Cambridge University Press, 1999.

[11] Marinelli, C. V., Martelli, M. L., Praphamontripong, P., Zoccolotti, P. & Abadzi, H. Visual and Linguistic Factors in Literacy Acquisition: Instructional Implications for Beginning Readers in Low-Income Countries. World Bank, Global Partnership for Education, Working Paper Series On Learning, 2[R]. Washington DC: The World Bank, 2011.

[12] Share, D. L. On the Anglocentricities of Current Reading Research and Practice: The Perils of Overreliance on an "Outlier" Orthography[J]. Psychological Bulletin, 2008(134).

[13] Aguirre, G. Perceptual Learning and Consolidation Studied with Perfusion Fmri [R/OL]. New York: Dana Foundation, 2004 [2018-05-24]. http: //www. Dana. Org/Media/Grantsdetails. Aspx?Id=38965 # Sthash. Maeagifw. Dpuf.

[14] Kumano, H. &Uka, T. Neuronal Mechanisms of Visual Perceptual Learning[J]. Behavioural Brain Research, 2013(249).

[15] Wright, B. A., Sabin, A. T., Zhang, Y., Marrone, N. & Fitzgerald, M. B. Enhancing Perceptual Learning by Combining Practice with Additional Sensory Stimulation[J]. Journal of Neuroscience, 2010(30).

[16] Tartaglia, E. M., Bamert, L., Herzog, M. H. & Mast, F. W. Perceptual Learning of Motion Discrimination By Mental Imagery[J]. Journal of Vision, 2012, 12(6).

[17] Rock, I. & Gutman, D. The Effect of Inattention On Form Perception[J]. Journal of Experimental Psychology: Human Perception & Performance, 1981(7).

[18] Chang, L. Y., Plaut, D. C. & Perfetti, C. A. Visual Complexity in Ortho-

graphic Learning Across Writing System Variations[J]. Scientific Studies of Reading，2016，20(1).

[19] Bower，B. Trackers Decipher Ancient Footprints：Hunters Help Reconstruct Behavior of Early Europeans[J/OL]. Science News，2015(7)[2018-05-24]. http：//www. Highbeam. Com/Doc/1G1-421769252. Html.

[20] Dekker，L. The Neural Localization of Musical Score Reading[D]. Utrecht：Utrecht University，2015.

[21] Pelli，D. G.，C. Burns，B. Farell & Moore-Page，D. C. Feature Detection and Letter Identification[J]. Vision Research，2006，46(28).

[22] Van Orden，G. C. A ROWS Is A ROSE：Spelling，Sound，and Reading [J]. Memory and Cognition，1987，15(3).

[23] Van Orden，G. C.，Pennington，B. F. & Stone，G. O. What do Double Dissociations Prove? [J]. Cognitive Science，2001，25 (1).

[24] Dehaene，S. & Cohen，L. The Unique Role of the Visual Word Form Area in Reading[J]. Trends in Cognitive Sciences，2011，15(6).

[25] Cappelletti，M.，Leff，A. P. & Price，C. J. How Number Processing Survives Left Occipito-Temporal Damage[J]. Neurocase，2012，18(4).

[26] Dehaene，S. & Cohen，L. Cultural Recycling of Cortical Maps[J]. Neuron，2007(56).

[27] Pegado，F.，Comerlato，E.，Ventural，F. et al. Timing the Impact of Literacy on Visual Processing[J]. Proceedings of the National Academy of Sciences，2014(111).

[28] Perfetti，C.，Cao，F. & Booth，J. Specialization and Universals in the Development of Reading Skill：How Chinese Research Informs a Universal Science of Reading[J]. Scientific Studies of Reading，2013，17(1).

[29] Gori，S. & Facoetti，A. Perceptual Learning as a Possible New Approach for Remediation and Prevention of Developmental Dyslexia[J]. Vision Research，2013(11).

[30] Czigler，I. N. Representation of Regularities in Visual Stimulation[M]//Unconscious Memory Representations in Perception. Amsterdam：John Benja-

mins Publishing Co, 2010.

[31] Bouhali, F., Thiebaut, M., Philippe P., Poupon, C., Mangin, J., Dehaene, S. & Cohen, L. Anatomical Connections of The Visual Word Form Area[J]. The Journal of Neuroscience, 2014, 34(46).

[32] Dufau, S., Grainger, J., Midgley, K. & Holcomb, P. J. A Thousand Words are Worth A Picture: Snapshots of Printed-Word Processing in an Event-Related Potential Megastudy[J]. Psychological Science, 2015, 26(12).

[33] Pritchard, S. C., Colheart, M., Marinus, E. & Castles, A. Modelling the Implicit Learning of Phonological Decoding from Training on Whole-Word Spellings and Pronunciations[J]. Scientific Studies of Reading, 2016, 20(1).

[34] Cohen, L., Dehaene, S., Vinckier, F. & Montavont, J. Reading Normal and Degraded Words: Contribution of the Dorsal and Ventral Visual Pathways[J]. Neuroimage, 2008, 40(1).

[35] Ziegler, J. C., Perry, C. & Zorzi, M. Modelling Reading Development Through Phonological Decoding and Self-Teaching: Implications for Dyslexia [J]. Philosophical Transactions of the Royal Society B, 2014(369).

[36] Speelman, C. & Kirsner, K. Beyond the Learning Curve: The Construction of Mind[M]. New York: Oxford University Press, 2015.

[37] Zoccolotti, P., De Luca, M., Di Pace, E., Gasperini, F., et al. Word Length Effect in Early Reading and in Developmental Dyslexia[J]. Brain and Language, 2005, 93(3).

[38] Georgiou, G., Das, J. P. & Hayward, D. Comparing the Contribution of Two Tasks of Working Memory to Reading in Relation to Phonological Awareness and Rapid Naming Speed[J]. Journal of Research in Reading, 2008(31).

[39] Shu, H. & Anderson, R. C. Role of Radical Awareness in the Character and Word Acquisition of Chinese Children. Center for the Study of Reading, Technical Report, 615[R]. Illinois: University of Illinois at Urbana-Champaign, 1995.

[40] Ministére de l'Education Nationale. Lecture CP1 [R]. Abidjan: Editions Burnie, Côte Ivoire, 2006.

[41] Thomas, M. S. C. &Knowland, V. Sensitive Periods in Brain Development: Implications for Education Policy[J]. European Psychiatric Review, 2009, 2(1).

[42] Abadzi, H. Can Adults Become Fluent in Newly Learned Scripts? [J]. Education Research International, 2012(10).

[43] Hartley, M, J. & Swanson, V. E. Retention of Basic Skills Among Dropouts from Egyptian Primary Schools. Working Paper Series Report, EDT40 [R]. Washington DC: The World Bank, 1986.

[44] Devlin, K. The Mathematical Brain[M]//Mind, Brain, and Education. Bloomington, IN: Solution Tree Press, 2010.

[45] Smith, E. R. & O'Brien, E. J. Enhancing Memory Access for Less Skilled Readers[J]. Scientific Studies of Reading, 2016, 20(6).

[46] Baddeley, A. Working Memory and Language: An Overview[J]. Journal of Communication Disorders, 2003, 36(3).

[47] Gupta, P., Lipinski, J., Abbs, B. & Lin, P-H. Serial Position Effects in Nonword Repetition[J]. Journal of Memory and Language, 2005(53).

[48] RTI. Indonesia: The National Early Grade Reading Assessment (EGRA) and Snapshot of School Management Effectiveness (SSME) Survey Report of Findings [R]. Indonesia: RTI Indonesia, 2014b.

[49] Miller, G. A. The Magical Number Seven, Plus Or Minus Two: Some Limits on Our Capacity for Processing Information[J]. Psychological Review, 1956(63).

[50] Peterson, L. R. & Peterson, M. J. Short-Term Retention of Individual Verbal Items[J]. Journal of Experimental Psychology, 1959(58).

[51] Alloway, T. P. & Alloway, R. The Working Memory Advantage[M]. New York: Simon & Shuster, 2013.

[52] Gilchrist, A. & Cowan, N. Conscious and Unconscious Aspects of Working-Memory[M]//Unconsicous Memory Representations in Perception. Amsterdam:

John Benjamins Publishing Co，2010.

[53] Mizuno，K.，Tanaka，M.，Yamaguti，K.，Kajimoto，O.，et al. Mental Fatigue Caused by Prolonged Cognitive Load Associated with Sympathetic Hyperactivity[J]. Behavioral and Brain Functions，2011(7).

[54] Mcbride-Chang，C. Children's Literacy Development：A Cross-Cultural Perspective on Learning to Read and Write[M]. 2nd ed. London-New York：Routledge，Taylor & Francis，2016.

[55] Hart，B. & Risley，T. R. Meaningful Differences in the Everyday Experiences of Young American Children[M]. Baltimore：Paul Brookes，1995.

[56] Paxson，C. & Schady，N. Cognitive Development Among Young Children in Ecuador：The Roles of Wealth，Health，and Parenting. Policy Research Working Paper，3605[R]. Washington DC：The World Bank，2005.

[57] Mitchell，D. B. Explicit and Implicit Memory for Pictures. Multiple Views Across the Lifespan[M]//Implicit Memory：New Directions in Cognition，Development，and Neuropsychology. Hillsdale，NJ：Lawrence Erlbaum，1993.

[58] Rovee-Collier，C. K.，Hayne，H. & Colombo，M. The Development of Implicit and Explicit Memory[M]. Amsterdam：John Benjamins Publishing，2001.

[59] Perfetti，C. A. & Cao，F. Write to Read：Neurocognitive Evidence from Chinese. Paper Presented at the Annual Conference of the Society for the Scientific Study of Reading，July 15，2012 [C]. Montreal：The Annual Conference of the Society for the Scientific Study of Reading，2012.

[60] Bahrick，H. P. & Hall，L. K. The Importance of Retrieval Failures to Long-Term Retention：A Metacognitive Explanation of the Spacing Effect[J]. Journal of Memory and Language，2005，52(4).

[61] Feldon，D. F. Cognitive Load and Classroom Teaching：The Double-Edged Sword of Automaticity[J]. Educational Psychologist，2007，42(3).

[62] Guastello，S. J.，Boeh，H.，Shumaker，C. & Shimmels，M. Catastrophe Models for Cognitive Workload and Fatigue[J]. Theoretical Issues in Ergonomic Sciences，2012(13).

[63] Cribiore，R. Writing，Teachers，and Students in Graeco-Roman Egypt[M]. Atlanta，GA：Scholars Press，1996.

[64] Graham，B. E. & Ginkel，V. Assessing Early Grade Reading：The Value and Limits of "Words Per Minute" [J]. Culture and Curriculum，2014，27(3).

[65] Cutting，L. E. & Scarborough，H. S. Prediction of Reading Comprehension：Relative Contributions of Word Recognition，Language Proficiency，and Other Cognitive Skills can Depend on How Comprehension is Measured[J]. Scientific Studies of Reading，2006，10(3).

[66] Kendeou，P.，Papadopoulos，T. C. & Spanoudis，G. Processing Demands of Reading Comprehension Tests in Young Readers[J]. Learning and instruction，2012，22(5).

[67] Keenan，J. M.，Betjemann，R. S. & Olson，R. K. Reading Comprehension Tests Vary in the Skills They Assess：Differential Dependence on Decoding and Oral Comprehension[J]. Scientific Studies of Reading，2008，12(3).

[68] Didden，R.，Prinsen，H. & Sigafoos，J. The Blocking Effect of Pictorial Prompts on Sight-Word Reading[J]. Journal of Applied Behavior Analysis，2000，33(3).

[69] Van Rooy，B. & Pretorius，E. J. Is Reading in an Agglutinating Language Different from an Analytic Language? An Analysis of Isizulu and English Reading Based on Eye Movements[J]. Southern African Linguistics and Applied Language Studies，2013，31(3).

[70] Dejongh，M. Best Practices for Developing Supplementary Reading Materials. Executive Summary[R]. Washington DC：USAID，2014.

[71] Winskel，H.，Radach，R. & Luksaneeyanawin，S. Eye Movements When Reading Spaced and Unspaced Thai and English：A Comparison of Thai English Bilinguals and English Monolinguals[J]. Journal of Memory and Language，2009(61).

[72] Kohsom，C. & Gobet，F. Adding Spaces to Thai and English：Effects on Reading. Proceedings of the 19th Annual Meeting of the Cognitive Science Society[C]. Stanford：Taylor & Francis Group，1997.

[73] Gianelli, I. K. & Sakka, G. Alphavitario (Αλφαβητριο)[R]. Athens: Ministry of Education, 1955.

[74] Iyengar, R., Karim, A. & Chagwira-Betha, F. Applying a Reading Program Based on Cognitive Science in Rural Areas of Malawi: Preliminary Results[J]. Journal of Education and Training Studies, 2016, 4(5).

[75] Dijkstra, K., Kaschaka, M. P. & Zwaana, R. A. Body Posture Facilitates Retrieval of Autobiographical Memories[J]. Cognition, 2007, 102(1).

[76] Parker, R. I., Tindal, G. & Hasbrouck, J. Progress Monitoring with Objective Measures of Writing Performance for Students with Mild Disabilities [J]. Exceptional Children, 1991(58).

[77] Vickers, J. Perception, Cognition, and Decision Training: The Quiet Eye in Act[M]. Champaign, IL: Human Kinetics, 2007.

[78] Ferreiro, E. & Teberosky, A. Literacy Before Schooling[M]. Translation by Karen Goodman Castro. Exeter, NH: Heinemann Educational Books, 1988.

[79] Dowrick, P. W., Kim-Rupnow, W. S. & Power, T. J. Video Feedforward for Reading[J]. Journal of Special Education, 2006(39).

[80] Georgiou, G., Das, J. P. & Hayward, D. Revisiting the "Simple View of Reading" in a Group of Children with Poor Reading Comprehension[J]. Journal of Learning Disabilities, 2009(42).

[81] Paulesu, E., Démonet, Fazio, J. F., Mccrory, F., Chanoine, E., Brunswick, V., Cappa, N., Cossu, S. F., Habib, G., Frith, M., Frith, C. D. Dyslexia: Cultural Diversity and Biological Unity[J]. Science, 2001, 291(2165).

[82] Suggate, S. A Meta-Analysis of the Long-Term Effects of Phonemic Awareness, Phonics, Fluency, and Reading Comprehension Interventions[J]. Journal of Learning Disabilities, 2016, 49 (1).

[83] Share, D. L. Phonological Recoding and Self-Teaching: Sine Qua Non of Reading Acquisition[J]. Cognition, 1995(55).

[84] Abadzi, H. Literacy for All in 100 Days? A Research-Based Strategy for Fast Progress in Low-Income Countries[M]. (L'AlphabEtisation Pour Tous

En 100 Jours ? Une Strategie Basee Sur La Recherche Pour Obtenir Des ProgrEs Rapides Dans Les Pays a Faible Revenu). Global Partnership for Education Working Paper Series, 7. Washington DC: The World Bank, 2013a.

[85] Zafeirakou, A. Going to Scale with Literacy Programs: Evidence-Based Practices from the Gambia. GPE Working Paper Series on Learning[R]. Washington DC: The World Bank, 2014.

[86] Abadzi, H. Developing Cross-Language Metrics for Reading Fluency Measurement: Some Issues and Options. Global Partnership for Education Working Paper Series, 6[R]. Washington DC: The World Bank, 2013b.

第七章　建设高素质专业化的教师队伍：制度设计与有效方案

如何通过具有成本效益的方法来提高教育的整体质量，促进教师作用的发挥，是目前教育领域的热点问题之一。在提高教育的整体质量上，无论从学生的认知结果上，还是从非认知结果的考察上，教师质量的重要性都已经受到广泛认可。本文旨在通过最新的实证研究文献，总结塑造好教师的教育制度的特征。这些研究覆盖了发达国家和发展中国家的情况，特别侧重于发展中国家的研究依据。

研究选取的主要的维度特征或政策目标包括：①为教师设定明确的期望值；②吸引最优秀的人才来教学；③以有用的培训和经验来预备教师；④将教师的技能与学生的需求相匹配；⑤遴选能力突出的校长来领导教师；⑥监测教学和学习；⑦支持教师的教学改进；⑧激励教师尽职尽责。这些主题的选取基于世界银行、经济合作与发展组织和联合国教科文组织的分析框架，以及具有高水平学习表现的教育制度的政策框架。这些分析和政策框架的制定都结合了有关学生或者教师的表现，具有理论或实证依据。参照这些，有利于我们明确教育制度层面所面临的挑战，以便确立政策，保证教育系统拥有最优秀的教师。对于能够通过政策改革直接带来变革的政府来说，这些方面可以作为战略行动和资源分配的参考。以此为基础，本章我们探讨在我国的教育背景下，这些分析和政策框架对促进我国教师质量的提升有何启示。

一、教师质量的重要性与国际教师政策的目标

(一)教师质量的重要性

目前，在教育方面讨论最多的问题之一即如何有效提高教育体

系的质量，以及教师如何在此方面发挥作用。无论是通过认知还是非认知的结果来考量，提升教师的质量对于提高教育体系的质量都至关重要。这一点人们应该已经达成共识。本文总结了有关产生优秀教师的教育制度特征的最新文献，包括发达国家和发展中国家的研究，但重点参考后者。

学生学习成绩的提高很大程度上受益于教师。师资质量决定了教育体系的质量已经成为人们的共识。根据田纳西州的研究数据，由图 7-1 可知，教师素质对学生的影响比任何其他变量都大；平均而言，两个都在中等水平(成绩排在 50%的水平)的学生会因为被分配到不同教师的课堂中，而在 3 年后产生 50%以上分数的差距。

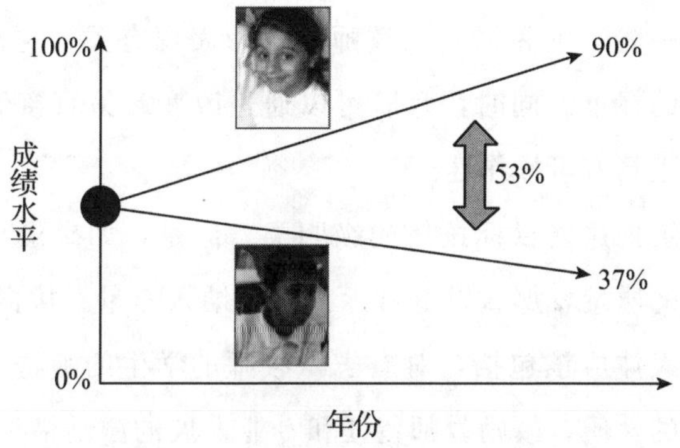

图 7-1　教师质量与学生的学习状况

资料来源：Sanders，W. L. & Rivers，J. C.，*Cumulative and Residual Effects of Teachers on Future Student Academic Achievement*. Knoxville，Tennessee，University of Tennessee，1996. As quoted in Barber，M. & Mourshed，M.，*How the World's Best-Performing School Systems Have Come Out on Top*，London，McKinsey & Co.，2007.

然而，在大多数发展中国家，培养教师的院校质量参差不齐。尽管存在优秀的培养项目，但是大部分的毕业生还尚未做好准备，去面对课堂上可能出现的挑战。绝大多数教育机构招生标准偏低，课程设置不够完备，教学与课堂的实际需求脱节。大多数第一次上岗的教师缺少课堂教学的实习经历，而且在任教之前从未或者几乎没有接受过资深教师的辅导。

(二)国际教师政策的目标

教育系统可以采取几项措施来保证教师的水准，这方面有大量有关文献可供参考。① 我们采用的是经由 OECD、UNESCO 和英国教育部补充完善的改善教育成果的系统方法(Systen Approach for Better Education Resnlts，SABER)的分析框架，如图 7-2 所示。在判断何为保证教师高质量的政策时，这个框架让我们清晰地看到教育系统面对的挑战[OECD，2009；Department for Education(United Kingdom)，2012；World Bank，2012；UNESCO，2015；Schleicher，2016]。

以上主题是通过考察运行良好的制度政策框架②，并经世界银行以及与其他机构研讨而确定的。不论在理论上还是实践上，这些主题都与每一名学生和每一位教师的行为表现有关。这些方面应该是资源分配的标准。同时，政府可以通过改变政策直接影响这些方面，使之真正具有可操作性。

教育系统把这些目标按优先级归类。但是，如果最终目标是提高教育系统的质量，那么以上目标都应该纳入考量。从根本上来说，核心的政策大体应该包括，对有志做教师的学生的筛选、职前培养和在职培训的性质，鼓励教师留任和专业发展的激励措施(包括治理和问责制)。

① 感兴趣的读者可参看如下出版物：
Bruns，B. & Javier，L.，*Great Teachers. How to Raise Student Learning in Latin America and the Caribbean*，Washington DC，World Bank，2015.
Schleicher，A.，*Preparing Teachers and Developing School Leaders for the 21st Century. Lessons from Around the World*，Paris，OECD Publishing，2012.
Schleicher，A.，*Teaching Excellence Through Professional Learning and Policy Reform：Lessons from Around the World*，*International Summit on the Teaching Profession*，Paris，OECD Publishing，2016.
OECD，*Evaluating and Rewarding the Quality of Teachers. International Practices*，Paris，OECD Publishing，2009.

② 在附录 1 至附录 4 中，我们提供了不同机构使用的各个指标的总结。

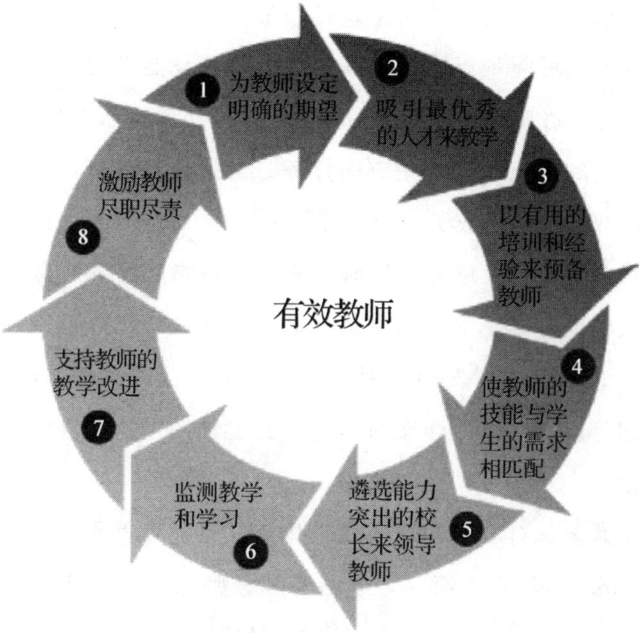

图 7-2 SABER 教师政策目标

资料来源：World Bank, *SABER Systems Approach for Better Education Results. What Matters Most in Teacher Policies? A Framework for Building a more Effective Teaching Profession*, Washington DC, World Bank, 2012.

二、如何获得优质教师：国际经验及实证结果

此部分将简要总结国际文献中关于教师素质的重要性以及提升教师素质的优秀方案。

(一)指导准则 1：为教师设定明确的期望

管理理论表明，明确对员工的期望值是帮助组织机构获得成功的重要环节。做好这一环节便能吸引从业者，反之则可能吓跑他们。如果组织使用的标准含糊不清，管理者和员工就可能在某些方面，如绩效和奖励，持有截然不同的观点。经济学家所使用的概念“信息不对称”就与这一点相关。维加斯和加尼曼(Vegas & Alejandro, 2013)引述著名经济学家斯蒂格利兹(Stiglitz)的理论说，认为如果一个行业标准偏低或者标准不清，就会造成雇主和潜在员工在对员工

技能的要求中有不对等的信息。它会带来两个问题：一是低技能者盲目进入他们可能难以胜任的职业；二是高技能者的能力发挥受到阻碍。同样，教师也需要明确的标准，从而了解别人对他们的期望。这就像雇主和员工在需要完成的任务方面达成一致，员工绩效和薪酬挂钩，双方之间形成了一个“合同”一样。

到目前为止，大量的定性研究表明，清晰、明确的课堂教学准则可以大幅促进学生学习水平的提高。这些教学指导准则涵盖各个方面，如课程设置、教师指南、学习标准、课程案例、班级规模、讲授时间等。一些设计严谨的量化研究也证明了这些准则对教学的促进作用。

支架式教学对学生学习的促进作用就是一个例子。支架式教学(scaffolding)的特点：第一，学习者和教师之间进行协作式有效互动。第二，学习应该发生在学习者的“最近发展区”(zone of proximal development)，所以教师需要了解学习者当前的知识水平，然后帮助学生提升至一个更高的水平。第三，随着学习者开始熟练地掌握知识，由教师提供的支持和指导需要逐渐被移除。这种支持和引导之所以被比作建筑构造中的脚手架，是因为支架能够为正在建造的建筑物提供“可调节和暂时性”的支撑。为学习者提供的支持和指导有助于他们内化需要掌握的知识。这种支持随着学习者的发展而逐渐减少，直到学习者完全独立。发达国家和发展中国家的研究表明，支架式教学促进了学习(Borman, et al., 2007; Sawyer, 2006)。

(二)指导准则 2：吸引最优秀的人才来教学

在提高教育体系质量的过程中，吸引最优秀的人才进入教育行业是极大的挑战，特别是在发展中国家。首先，各国必须确保教师是一个受人尊敬的职业。其次，优秀人才的引进需要从头做起。比如，吸引优质高中毕业生报考师范院校。较高的录取标准和积极的激励政策将吸引优质学生选择教育类专业。与此同时，良好的工作条件需要得到保证。例如，要保证有竞争力的薪资水平。一些国家(如芬兰、韩国、日本和新加坡等)和地区经济体(如上海)，已经在这一点上提供了良好的参照。①

这些经济体通过提供有竞争力的薪资来吸引人才，然而这并不意味着教师的薪水越高，学生的学习结果就越好。已有案例表明，一些政府将教师的工资翻倍后，并未促进学生的学习。最近，一项在印度尼西亚进行的研究也证明了这一点(De Ree, et al., 2015)。

用高薪吸引优秀教师的做法，我们难以确定是否有效。因为教师的工资并不是随机分配的，主管部门等外部因素也会有所制约。美国的一些研究表明，普遍提高工资对教师的教学效能没有明显的影响。然而，仅提高优秀教师的薪水，对于吸引和留住优秀教师的效果更为显著(Hanushek, 1997)。关于学校资源和学生表现方面的详细总结，可以参见汉纳谢克和韦尔奇(Hanushek & Welch)在2006年的报告。

在遴选刚入职的教师时，采用有选择性的方法比仅仅依靠通过资格认证筛选的效果更好。实际上，自20世纪70年代以来，有关生产函数的研究表明，教师资格证书(大学毕业证书或者资格认证证明)和经历并不能充分证明其教学能力，而是需要更为周详的标准，才能预测教师的教学质量。例如，汉纳谢克(Hanushek, 2014)发现，教师的证书和资格不能很好地预测未来课堂教学的有效性。教育体系不能仅仅依据教师资格证书和过往教学经历来确定薪资水平，也不能凭借这样产生的薪酬差距来吸引更优秀的教师。

越来越多的国家开始将考试纳入进入教师行业的要求，即通过考试来评估教师的学科知识或特定领域的教学能力。一些初步的证

① 感兴趣的读者可参看如下出版物：

Eurydice, *National System Overview on Education Systems in Europe: Finland*, Brussels, European Commission, 2011.

OECD, *Building a High-Quality Teaching Profession: Lessons from Around the World. Background Report for the International Summit on the Teaching Profession*, Paris, OECD, 2011.

OECD, *Education at a Glance 2012. OECD Indicators*, Paris, OECD, 2012b.

Sahlberg, P., "Lessons from Finland," *American Educator*, 2011, 35 (2): 34-38.

Tan, O. S., *Teacher Policies: Global Best Practices for Developing the Teaching Profession*, WISE Singapore, NIE-National Institute of Education, 2015.

据表明，这些测试的结果基本上是积极的。在遴选新的教师时，一个高度竞争的机制可以确保最优秀的候选人进入课堂。虽然很多测试都有筛选人才的功能，但是很少有国家实际采用。更少的国家选择试用机制，来确保教师入职后能有良好的表现[关于提高教师质量的激励措施方面的评估，见(OECD，2009)]。

(三)指导准则3：以有用的培训和经验来预备教师(职前预备)

培训必须在至少两个方面加以改进：①教学内容，在教育教学知识的掌握方面要确保学术严谨，并且要与学生的学习标准保持一致；②实践经历，培训应该保证毕业生获得足够的课堂教学经验。

高等教育学位应该是进入教育行业的基本要求，因此大学课程应包括实质性的学习内容和教学法方面的技能，帮助未来的教师找到正确且有效的教学方法。实际上，即使不要求教师具有高等教育学位，所有教师在职前的教育与培训期间(中等或者高等教育阶段)也都应该获得课堂教学经验。因此，实践性内容是教师入职培训，乃至教师高等教育中的必要组成部分。

在此方面，新加坡的TE21(21世纪的教师教育)值得参考。它综合了教师面对21世纪课堂的挑战应该具备的核心要求：教师教育的思想基础、课程设置、教师成果和学术路径。并且，它强调要基于以下3个基本要素：①以学习者为中心。了解学习者的发展和多样性，相信所有学生都有学习的潜力，知道他们如何能够最有效地学习，并尽可能创造最佳学习环境。②教师身份。这主要指有高标准和强烈的学习动力，能洞察教育环境的快速变化，积极回应学生的需求。③为行业和社区服务的态度。积极合作，专注敬业，努力成为更好的实践工作者，为所从事的教育教学领域贡献力量(Schleicher，2012)。这应该是进入教育行业的行为准则。

(四)指导准则4：使教师的技能与学生的需求相匹配

现有的一些政策已经能确保教师有能力满足学生的需求。其一是确保教师在同一班级任教几年，其二是为高需求学校的教师提供经济上的奖励，其三是为教授短缺科目的教师提供奖金，其四是改善教师工作条件。

以上这些政策的效果，只有个别设计严谨的研究能够提供佐证。关于教师教学连续性的效果，有一个墨西哥的案例(Muñoz, et al., 1995)，使用准实验设计来研究该项目的影响。项目通过提供两倍月薪的奖金，鼓励教师去一个过去数年没有教师的偏远地区任教至少两年。研究的结果表明，同一位教师带了数年的学生比一两年换一次教师的学生更有可能按时完成学习周期，达到更佳学习成果。

在激励教师去高需求的学校工作方面，一项在加利福尼亚州开展的研究评估了2000—2002年的一个实验。结果显示，提供2万美元的签约奖金，有助于吸引有才能的新教师去发展水平较低的学校工作，并任教至少4年。为鼓励教师教授师资严重短缺的科目，一些项目为教师提供了小额奖金(Clotfelter, et al., 2008)。项目评估结果表明，内部效率指标有了改善，如教师留用率得到了提高。

(五)指导准则5：遴选能力突出的校长来领导教师

校长对学校的成功发展至关重要。一些在发达国家进行的研究显示，成效卓著的校长之所以能提高学校的教学成绩，主要是因为他们能够将教学效果不佳的教师调离课堂教学岗位(Branch, Hanushek & Rivkin, 2012)。除此以外，他们还努力创造积极的校园文化和良好的工作环境，鼓励教师评估自己在课堂上的教学和行为，反思并改进教学方式。这不仅有助于教师职业发展，还提高了学校管理层的内部效率。

在大多数发展中国家，校长们需要全面提高自己。校长作为核心人物，要能够清楚地说明内部和外部利益相关者各自需要做的工作，以维持学校的正常运转。校长要支持课堂教学，让教师感到被信任。他们还要给教师提供学习机会和学习空间，来帮助教师的职业发展(Clement & Vanderberghe, 2001)。

确定优秀校长候选人与培养校长领导力都至关重要。我们需要加强对管理层的初始培训和学校新校长的跟踪培养，并且专门为他们提供继续教育的机会。

(六)指导准则 6：监测教学和学习

定期评估应该常态化，以便考量学生的学习效果。认为如果需要，可以根据评估结果，调整课程设置和教学方法。此外，在一定时间之后，如果培训仍无法改善教师的业务水平，就应该辞退该教师，或关闭该机构。如前所述，初始培训的质量不应受到损害。

对于教师行为和学生学习之间的关系这个问题颇具争议，但是有一点显而易见，教育体系应该把学生的学习成果作为教师晋升的标准之一。学生学习成果的评估需要基于科学的方法，最好由独立或可信的机构进行。透明度(如工资增长)对于改善教学实践(发现不足之处，明确职业发展需求)非常重要。同时，这对于确保所有学生获得高质量的教育也至关重要。

在教育发展水平较高的系统中，有效追踪学生的发展状况和教师的表现是评估和问责的重要依据。学校通过使用数据做出评估和规划来了解各方面的进展状况。同时，也让家长和社区了解情况，以便加强沟通与合作。按照学生的标准化考试成绩对学校进行排名，会对学生的学业成绩产生积极影响。除了学业测验，还应该推广社会情感技能等其他非认知技能的评估，帮助学生预备未来发展所必备的能力，让他们的潜能得到充分发挥。其他政策，包括更直接地监测教师的工作，如监测教师缺勤情况或评估教师的表现，也能够对学生的学业成绩产生积极的影响。

(七)指导准则 7：支持教师的教学改进

继续培训应兼顾新教师和经验丰富的教师。这一点非常重要。因此，在职培训方案是教师获得新技能和持续支持的最重要方式，特别是对于那些因条件困难(如在弱势群体地区工作)而面临各种挑战的教师。我们需要认识到教师工作环境的多样化，并为他们提供有效的技能，以便获得良好的教学结果。

我们通过定性和定量方式的研究还发现，同伴学习(教师相互学习)是一种行之有效的在职培训方式。杰克逊和布鲁格曼(Jackson & Bruegman，2009)的一项研究表明，同伴学习是一个通过高质量的匹配提高教师生产率的重要机制。纽约州立大学奥尔巴尼分校有效教学与学习中心联合主任威廉·罗伯逊(William Robertson)曾表示说："显而易见，在合适的背景下，同伴学习比其他的专业发展形式更具价值。如果做得好，同伴学习会在真实、实用和相关性很强的情况下进行，这与一些讲习班或会议产生了强烈对比。在那些会议中，参与者始终感觉所讨论的问题是在一个抽象的层面上，和他们自己的课堂没有多大关系[参见《教育世界》(*Education Worlds*)，2016 年 12 月 23 日]。"但是，许多国家的教师培训并不遵循这一原则，反而更倾向于那些与课堂无关的深奥主题。除了培训的相关性之外，各国还需要把具有成本效益的创新做法整合进来。

还有一种培训项目专门通过训练教师利用学习材料，帮助教师提升教学技能。比如，图书馆的使用情况与学生的学习成果几乎没有关联。印度的一项严格的影响力评估研究也证明了这一点(Borkum，He & Linden，2009)。但是研究发现，当教师接受了培训，了解了如何使用教室或学校图书馆的教育材料之后，学生的学习效果就有可能提高(Muñoz，et al.，1995)。大多数投放的教育材料，往往效果与此类似。而当教师经过专门的使用培训之后，就更有可能为学生的学习带来积极的效果。

不过，有些努力可能无法产生预期的效果。比如，在小学教室中放置计算机设备。事实说明，在没有开展培训指导项目的前提下，没有任何影响力评估研究可以证明计算机本身能给学习带来积极影响。必须提及的是，基于由美洲开发银行提供的信息而新出现的证据表明，我们在支持小学计算机教育时要考虑多种要素，其中重要的是：①关注具体的学习目标；②注意基础设施(硬件和软件)、内容(课程设置)和人力资源需求(教师和校长的培训)之间的相互作用；③渐进地扩展，长期不断地努力；④监测和评估(McEwan，2014；Arias & Cristia，2014)。

(八)指导准则 8：激励教师尽职尽责

在道德水平低下的教师中，滥用职权和腐败常常导致教师缺勤率高、工作寻租、缺乏对儿童教育的委身与承诺。出现上述情况时，我们必须采取果断行动。有证据表明，这种行为在有些地区相当猖獗。虽然教师的缺勤率有下降的趋势，但是在许多国家，因教师缺勤导致学生学习时间损失的现象仍然很多。此外，教师由于缺乏教学方法，实践经验不足，或者由于缺少良好的培训，大量的课堂时间没有用来开展具有教育价值的活动。

另外，在国家层面还需要考虑与教师质量直接或间接相关的其他具体问题。比如，因为国家、地区、社区、学校存在社会和文化差异，不同环境需要不同类型的教师。另外，由于弱势群体的存在，国家需要制定政策来优先照顾这些群体。证据表明，国家应该分配资格最优的教师来服务弱势群体；同时，也应该预备能用原住民母语教学的教师，并为这些教师提供持续的支持。

教师教学职业的专业化，基于业绩而非资历的表彰、晋升机制以及职业发展标准的建立，为坚守在课堂的一线教师提供了更多横向的职业发展机会，这些将有助于提高教师的工作绩效。

帕克和汉纳姆(Park & Hannum，2002)在中国农村地区的研究发现，从对中国农村地区学生考试成绩的影响来看，师资质量非常重要。学校每年都对教师的表现进行多方面的严格评估，学生考试分数的显著差异是由于教师的差异导致的，高质量的教师能够大大提高学生的分数。另外，教师通常会长期执教同一个班级，而农村教师在班级任教的时间越长，学生的分数也就越高。所以，农村教师和学生之间建立的这种联系似乎可以取代教师质量因素的作用。

三、对我国教师政策的启示

与国际社会可持续发展议程中提升教育质量，重视教师的倡导一致，我国教育改革将加强教师队伍建设作为工作重点之一。自《国家中长期教育改革和发展规划纲要(2010—2020年)》颁布以来，我国在 5 年间出台了教师政策 68 项[①]，教师政策进入有史以来增速最快的时期。2018 年 1 月，我国发布了《关于全面深化新时代教师队伍建设改革的意见》，这是中华人民共和国成立以来出台的第一个专门面向教师队伍建设的里程碑式政策文件。

从整体上看，我国的教师政策整体上与世界银行教师政策框架的要素具有一致性，如附录 5 所示。在政策体系上形成了包括师德建设、教师培训、教师教育、教师专业标准、教师编制、教师资格与聘任、教师职称、学校领导力、教育家办学、教师待遇等核心方面的架构。近年来的政策集中于教师培训、教师教育、教师专业标准和教师聘任与交流，同时还涉及师德建设和教师待遇等方面。

在教师教育上，加强师范院校和综合性院校师范专业的建设，在全国 173 所本专科师范院校、338 所具有教师教育的本专科非师范院校开展教师培养项目。[②] 完善教育部直属师范大学师范生公费教育政策，吸引有志于从教的优秀学生选择师范专业。教师教育者的角色定位、身份认同、专业发展及途径也得到了关注。[③] 在教师培训上，提出实践性课程不少于教师培训课程的 50%，加强中小学教师信息技术应用能力。[④] 大力建设从学前教育到高等教育阶段的教师队伍，并建立健全地方教师发展机构和专业培训者队伍；进一步开展针对农村教师和校长的培训项目，包括中西部地区义务教育阶段不同学科的教育教学工作。

在教师管理和待遇方面，推进中小学教师资格考试、职称制度改革、教师待遇改善等措施，建全中小学教师工资长效联动机制。针对农村教师出台培训、奖励、补贴、晋升、编制等一系列支持和

---

① 高慧斌：《教师政策评价分析——基于〈国家中长期教育改革和发展规划纲要(2010—2020 年)〉实施五年的思考》，载《河北师范大学学报(教育科学版)》，2015(6)。

② 顾明远：《为实现教育现代化提供坚实师资保障》，http：//www.jyb.cn/china/gnxw/201512/t20151208_645853.html，2017-01-30。

③ 卜彩丽、张宝辉：《我国教师教育者的历史、现状及热点趋势研究》，载《西北成人教育学院学报》，2016(4)。

④ 朱旭东：《我国教师队伍建设政策对教师教育提出哪些挑战?》，载《中小学管理》，2016(2)。

倾斜政策，提升乡村教师待遇。深入实施乡村教师支持计划，关心乡村教师生活，着力改善我国教师队伍的薄弱环节。在师德建设上，还构建起了结合大中小学教育、宣传、考核、监督与奖惩的师德制度。2012—2015年，我国颁布了大部分学段的教师和校长(园长)专业标准，强调专业理念与师德、专业知识和专业能力，确定了实施教育教学的具体领域和基本要求，为教师培养、准入、培训、考核等工作提供了重要依据。教师专业标准的制定吸取了国际组织和发达国家的经验，为保障教师具备专业素养提供了参照。

在这样的政策环境下，一项针对在上海市教育体系中，建设高质量教师队伍的调研发现，作为在学生评估测验中世界排名前列的教育体系，上海的教师政策和配套资源已经建立起来，而且在一些方面已经趋于成熟。上海出台的教师政策涉及：①提供有效的职前培养和培训；②匹配教师技能与学生需求；③用优秀的校长领导教师；④支持教师改善教学；⑤激励教师教学。这些可以很好地解释PISA测试中的优异结果。同时，在吸引最好的学生进入教师行业，设定教师明确的期望，以及确立清晰的监测手段来评估教与学(Liang，Kidwai & Zhang，2016)这些方面的政策已经比较成熟。我们进一步分析教师特点和学生学习成绩的关系可知，教师教育、教师绩效评估和促进教师职业发展是上海建设高素质教师队伍的关键(Zhang，Ding & Xu，2016)。此外，国际比较研究的结果显示，上海教师用于培训和专业发展的时间比世界其他地方的平均水平超出一倍多。与发达国家的同行相比，上海的校长把更多的时间用在了教学方面而不是管理上(OECD，2016)。这些经验表明，好的教师政策和教育制度能够帮助教师改善和提高工作成果，并为支持教师发展提供条件。

上海的教育改革在全国处于领先水平。但是我国城市与农村、不同地区和省份之间发展不均衡，教育、经济、社会和文化有所不同，资源配置存在明显的差异。对于我国整体教师团队建设来说，需要根据自身的背景特征，借鉴前面所提到的指导原则以及国际和国内的优秀经验，在职业准入、教师发展、教师管理与评估，以及教师内在生命与动力等方面，不断根据所在省、市地区的情况加以调整和改进。

其一，要进一步提高教育水平，还应该加强职业准入机制。如前所述，需要通过多种途径建立选择机制，补充教师资格证书的单一准入机制。比如，采用考试和教学见习期结合的资格准入制度，以及教师资格的更新和退出机制，保证教师的入职水准。在扩大教师培养项目的同时，通过专业设置、课程安排、教学方式的改革，推动教师培养模式的改进。

其二，在借鉴国际和上海教育发展经验的基础上，我国需要提升教师聘用标准，加强紧缺学科教师的培养，公平分配优秀的师资力量，吸引和选拔优秀的人才进入教师岗位。根据未来我国学生发展的特点和要求，教师培训应该预备优秀的教师进入课堂，适应我国学生多元的发展需求。

其三，为教师职业发展提供有用的培训和经验。从学科知识和技能单向传递的培训模式转向教师学习社区的构建，建立教师互学的机制。加强专业技能和实践服务，促进教师教育和职后培训的一体化。通过合作、交流、进修、专项研究等具体行动，保证新入职和有经验的教师、农村和城市的教师都能够获得职业发展的时间和机会。

其四，对教师培训质量和教师质量进行监测与评估。随着近年来国家教师经费投入的增加，培训质量和教师质量的提升状况也受到关注。以教师信息技术应用能力培训为例，已有研究表明，完整地监测和评估信息技术进入课堂的实施状况十分重要。中国需要更多的影响评估，严谨、透明的评估方式以及切实的课堂观察，了解硬件和软件、课程内容与教师和管理者之间的相互作用，使项目逐步地展开并且持续地实施。同时，教师也应该明确教育教学工作的影响和作用，从而积极提升专业能力，获得专业发展。

其五，学校领导力和同事关系在我国的教育体系和政策背景下有其发生作用的文化机制。合作、共管、权威、权力这些核心要素的文化含义在我国的话语背景下呈现独特的复杂性(Ho & Tikly, 2012)。西方有关领导力的研究侧重于伙伴互助和校长自主，而在中国的话语背景下，学校领导力更加重视教师管理、人才选拔和专业发展的高效。因此，探索中国文化背景下的学校领导力建设，发挥校长的自主性，对缓解教师和学生发展的实际需求，调动教师的潜能十分重要。

其六，在教学实践和教师发展方面，从长期单向、统一要求转为重视个体经验和责任，支持教师的内生力量和积极的身份认同。教师生命质量和内在动力是教师专业发展的关键。教师专业标准和评估应该体现参与者真正的认可和参与。由此，新的举措才能够真正提升一线教师能力，促进专业共同体的建设。学校条件和教师待遇的改善、教育教学工作的认可、将教师的报酬和职业机会与工作表现挂钩等措施可以作为激励优秀教师的方式，从而激励教师成长。

其七，我国教育工作的总体目标是，在2020年形成一支师德高尚、业务精湛、结构合理、充满活力的高素质专业化教师队伍。根据2015年第十三个五年规划的建议，教师教育的目标还将注重教师在培养学生的社会责任感、创新精神和实践能力上的专业素质。基于这一总目标，我国教师专业标准将面临新的要求。同时，具体的考察标准需要被设定。在实施具体政策的核心要素方面，上述国际社会提升教师质量的指导原则提供了良好的参照。相关的实证研究结果和行之有效的方案可以为我国加强教师队伍建设提供值得借鉴的经验。

四、多途径综合提升教师质量

国家要提升教学质量，就应该把学生学习(认知与非认知)作为课程的中心，并且重视学习的结果(也就是结果导向)，同时提高教师素质。根据过往经验，国家应该重实践经历，轻理论指导；关注未来教师的培养，选择其中最优秀的(有高的进入标准)；帮助教师实现优质教学；评估他们的表现。

首先，没有好教师，就不可能有好的教育。如果希望教育能促进国家的社会经济发展，就要检验教师政策是否符合以上要素的要求。最好的情况是全部都符合。我国虽然在人才招聘、培训和录用的过程等方面已经做出了很多努力，也有不少机构致力于加强教师管理，但是这些还远远不够。这是一个很好的开端。国家需要综合的方法来统筹安排，保证实施改善教育质量的措施。例如，用奖金鼓励那些参加大学师范生培养计划、成绩优异而承诺去中小学教书至少3～4 年的学生；加强教师培训(职前培训和在职培训)；为新教师提供教学经验的指导和定期评价；为优秀教师提供奖学金，为他们提供成长为指导教师、教学督导或校长的专门培训；提高教师工资，使其与其他对学历和经验要求相类似的职业待遇相当；为成绩最好的教师和身处高需求学校的教师提供奖励和奖金。

其次，教师的薪酬很重要。如果教师的工资不能匹配其工作难度，甚至难以维持生计，教师将很难满足社会的高要求。因为，他们很有可能只获得低质量的职前培训和没有实质内容的在职培训。当教师不得不同时在几所学校工作时，他们无法接近核心层，无法参与学校的计划会议，无法关注到每一名学生的进步，无法参与课程设计，且基本上都只收到极少的评价和反馈(主要发生在中学教师中)。工资、培训、促进课堂工作、提供反馈等方面的政策，都是为了全面提升教师质量。国家的政策制定者都知道，政策需要落到实处。我国正在实行教师工资改革，这方面的经验也已经受到世界的关注。

再次，对我国而言，要想提高教育体系的质量，需处理以下几个方面的问题：教师行业的准入标准、教师的职业发展、教师的管理和评价，以及教师的内在生命力和热情。值得庆幸的是，如前所述，这些方面已经在改革之中了。

最后，正如本文开头所说，在世界各国，教育体系的质量不可能高于其教师质量。因此，一个国家要想提高教育体系的质量，至少需要完成两件事：①改善激励高中毕业生进入教育行业的措施；②提高教师教学技能培训的质量。尽管教育领域已有不少投资和改革，但教育质量只有在以上两个方面有所保证才可能改善。

参考文献

[1] Sanders, W. L. & Rivers, J. C. Cumulative and Residual Effects of Teachers on Future Student Academic Achievement[R]. Knoxville, Tennessee: University of Tennessee, 1996. //Barber, M. & Mourshed, M. How the World's Best-Performing School Systems Have Come Out on Top[M]. London: McKinsey&Co. 2007.

[2] OECD. Evaluating and Rewarding the Quality of Teachers: International Practices [R]. Paris: OECD Publishing, 2009.

[3] Department for Education (United Kingdom). An Assessment of International Teacher Training Systems: Country Profiles. Research Report, DFE-RR243a [R]. Cheltenham: The National Recognition Information Centre for the United Kingdom (UK NARIC), 2012.

[4] World Bank. SABER Systems Approach for Better Education Results. What Matters Most in Teacher Policies? A Framework for Building a More Effective Teaching Profession[R]. Washington DC: The World Bank, 2012.

[5] UNESCO. Teacher Policy Development Guide[R]. Paris: UNESCO, 2015.

[6] Schleicher, A. Teaching Excellence Through Professional Learning and Policy Reform: Lessons from Around the World, International Summit on the Teaching Profession[C]. Paris: OECD Publishing, 2016.

[7] Vegas, E. & Alejandro, G. Theory and Evidence on Teacher Policies in Developed and Developing Countries. IDB Working Paper Series, IDB-WP-438 [R]. Washington DC: IDB, 2013.

[8] Borman, G., Slavin, R. E. & Cheung, A., Chamberlain, A., Madden, N. A. & Chambers, B. Final Reading Outcomes of the National Randomized Field Trial of Success for All[J]. American Educational Research Journal, 2007, 44(3).

[9] Sawyer, K. The Cambridge Handbook of the Learning Sciences[M]. New York: Cambridge University Press, 2006.

[10] De Ree, J., Muralidharan, K., Pradhan, M. & Rogers, H. Double for Nothing? Experimental Evidence on the Impact of an Unconditional Teacher Salary Increase on Student Performance in Indonesia[D]. NBER, Working Paper, 21806. Cambridge, MA: National Bureau of Economic Research, 2015.

[11] Hanushek, E. A. The Productivity Collapse in Schools[M]//Developments in School Finance 1996. Washington DC: U. S. Department of Education, National Center for Education Statistics, 1997.

[12] Hanushek, E. A. School Resources[M]//Handbook of the Economics of Education. Vol. 2. Amsterdam: North Holland, 2006.

[13] Hanushek, E. A. Boosting Teacher Effectiveness[M]//What Lies Ahead for America's Children and Their Schools. Stamford: Hoover Institution Press, 2014.

[14] Schleicher, A. Preparing Teachers and Developing School Leaders for the 21st Century[M]//Lessons from Around the World. Paris: OECD Publishing, 2012.

[15] Muñoz I., Carlos, R. A., Carmen N., Patricia S. & Magda, C. ValoraciÓN Del Impacto Educativo De Un Programa Compensatorio Orientado A Abatir El Rezago Escolar En La EducaciÓN Primaria[J]. Revista Latinoamericana De Estudios Educativos, 1995, 25(4).

[16] Jennifer L. S., Richard J. M. & Willett, J. B. Do Financial incentives Help Low-Performing Schools Attract and Keep Academically Talented Teachers? Evidence from California[J]. Journal of Policy Analysis and Management, 2010, 29(3).

[17] Clotfelter, C., Glennie, E., Ladd, H. & Vigdor, J. Would Higher Salaries Keep Teachers in High-Poverty Schools? Evidence from a Policy Intervention in North Carolina [J]. Journal of Public Economics, 2008, 92(5).

[18] Branch, R. F., Hanushek, E. A. & Rivkin, S. G. Estimating the Effect of Leaders on Public Sector Productivity: The Case of School Principals[D]. NBER Working Paper, 17803. Cambridge, MA: National Bureau of Eco-

nomic Research, 2012.

[19] Clement, M. &Vanderberghe, R. How School Leaders Can Promote Teacher's Professional Development: An Account for the Field [J]. School Leadership and Management, 2001, 21 (1).

[20] Jackson, C. K. & Bruegman, E. Teaching Students and Teaching Each Other: The Importance of Peer Learning for Teachers[J]. American Economic Journal: Applied Economics, 2009, 1(4).

[21] Robertson, W. Teachers Observing Teachers: A Professional Development Tool for Every School[J]. Education Worlds, 2016(01)[2018-05-24]. http: //www. Educationworld. Com/A _ Admin/Admin/Admin297. Shtml.

[22] Borkum, E. , He, F. & Linden, L. School Libraries and Language Skills in Indian Primary Schools: A Randomized Evaluation of the Akshara Library Program[R]. Cambridge, MA: Abdul Latif Jameel Poverty Action Lab (JPAL), 2009.

[23] Mcewan, P. Improving Learning in Primary Schools in Developing Countries: A Meta-Analysis of Randomized Experiments[J]. Review of Educational Research, 2014, 20(10).

[24] Arias, E. & Cristia, J. The IDB and Technology in Education: How to Promote Effective Programs. Inter-American Development Bank Technical Note, 670 [R]. Washington DC: Inter-American Development Bank, 2014.

[25] Park, A. & Hannum, E. Do Teachers Affect Learning in Developing Countries. Evidence from Matched Student-Teacher Data from China[R/OL]. (2002-04) [2018-05-24]. http: //web. williams. edu/Economics/neudc/papers/parkneudc. doc.

[26] Liang, X. Y. , Kidwai, H. & Zhang, M. X. How Shanghai Does It: Insights and Lessonss from the Highest-Ranking Education System in the World (Directions in Development-Human Development) [M]. Washington DC: The World Bank, 2016.

[27] Zhang, M. , Ding, X. & Xu, J. Developing Shanghai's Teachers [R]. Washington DC: National Center On Education and the Economy, 2016.

[28] OECD. Survey: Shanghai has the Best Teachers in the World [N/OL],

2016-02-21 [2018-05-24]. http：//www. sohu. com/a/59834960 _ 106413.

[29] Ho，D. & Tikly，L. P. Conceptualizing Teacher Leadership in a Chinese，Policy-Driven Context：A Research Agenda. School Effectiveness and School Improvement：An International Journal of Research[J]. Policy and Practice，2012，23(4).

附录1　SABER的教师政策的目标和方法

为教师设置明确的期望	对教师有明确的期望吗？ 对教师工作时间的利用是否存在有用的指导？
吸引最优秀的人才来教学	入职要求是否能吸引有天赋的求职者？ 教师的薪资是否能吸引有天赋的求职者？ 工作环境是否能吸引有天赋的求职者？ 是否有具有吸引力的工作机会？
以有用的培训和经验来预备教师	对教师的岗前教学培训是否设置了最低标准？ 新教师被要求对课堂实践有怎样的熟悉程度？
使教师的技能与学生的需求相匹配	在很难招到教师的学校，是否有对在职教师的奖励？ 对于教授关键短缺科目的教师是否有奖励？
遴选能力突出的校长来领导教师	教育系统是否在发展有能力的学校领导者上有投资？ 校长是否被要求支持和改进教学实践？
监测教学和学习	是否有评估学生的学习情况以反馈给教学与政策执行的系统？ 是否有监控教师表现的系统在运作？ 是否有多种机制来评价教师的表现？
支持教师的教学改进	是否有职业发展的机会？ 教师职业发展是否是协同合作，并专注于教学的改进？ 教师的职业发展目标是否基于已知的需求？
激励教师尽职尽责	工作机会是否与表现相关？ 是否有基于表现的教师问责赔偿机制？

资料来源：World Bank，*SABER Systems Approach for Better Education Results. What Matters Most in Teacher Policies? A Framework for Building a more Effective Teaching Profession*，Washington DC，World Bank，2012.

附录 2　国际教师培训制度的国际评估

指标	分数(0～5)
教师培训项目的相似性和可持续发展性	
学习模式和评价	
培训项目的内容	
学科与课程的准备	
所有教学实习的要求和核心组成部分	
在学校或合适地点花的时间	
培训的年龄范围	
环境范围	
教学实践的水准和类型	
教学方法	
支持训练的教学原则的相似性	
课堂控制	
所需技能	
沟通和人际关系技巧	
英语水平与应用	
质量保证和监控	
通过标准线(2 分或更高)的次数	
平均分(标准差)	
总得分	

资料来源：Department of Education (United Kingdom), *An Assessment of International Teacher Training Systems: Country Profiles*, The National Recognition Information Centre for the United Kingdom (UK NARIC), Research Report DFE-RR243a, 2012.

附录3 OECD改善教师素质的政策

(一)财政激励

1. 教师教育激励。为未来的教师提供奖学金或津贴。

2. 基于教师知识和技能的激励。奖励那些教学效果不断提高的教师，激励他们提高知识和技能。培训项目应设置明确的期望，即教师必须做什么以提高他们在优先领域的技能；另外，针对额外教学工作，支付额外的工资。

3. 师资短缺科目领域的教学奖励。

4. 在条件困难的学校教学的激励。

5. 其他财政激励措施，包括优秀教师奖、长期工作奖、个人职业发展奖。

6. 对优秀学校的奖励。

(二)非经济奖励

7. 校本管理。

8. 积极的工作环境。

资料来源：OECD，*Evaluating and Rewarding the Quality of Teachers. International Practices*，OECD Publishing，Paris，2009.

附录 4　全面教师发展政策的九个关键维度

1. 教师招聘与注册。

2. 教师教育(职前教育和在职教育)。

3. 教师部署。

4. 职业结构/生涯发展路径。

5. 教师就业与劳动条件。

6. 教师奖励与报酬。

7. 教师标准。

8. 教师问责。

9. 学校治理。

资料来源：UNESCO，*Teacher Policy Development Guide*，Paris，UNESCO，2015.

附录 5　教师政策领域

1. 进入和保持在教学岗位的要求。
2. 职前教师教育。
3. 招聘和录用。
4. 教师的工作量与自主性。
5. 职业发展。
6. 报酬(工资和非工资福利)。
7. 退休制度和福利。
8. 教师质量监测与评价。
9. 教师代表与发声。
10. 学校领导力。

资料来源：World Bank，Techer Policiesaround the World，Washington DC，World Bank，2010.

后 记

衷心感谢联合国教科文组织国际农村教育研究与培训中心和北京师范大学教育学部在本书写作的过程中所给予的支持。感谢乔治·萨卡罗普洛斯(George Psacharopoulos)和哈里·A. 帕特里诺思(Harry A. Patrinos)，与两位先生的讨论带给我们许多思考和启发。特别感谢我们的同事，新学校基金会主任、一丹教育发展奖和世界教育创新奖获得者薇奇·科尔波特(Vicky Colbert)，以及美国得克萨斯大学教授、世界银行高级教育专家海伦·阿巴奇(Helen Abadzi)为本书做出的贡献。

十分感谢张旭博士参与本书在专业学术领域的翻译工作。还要感谢几位实习生和志愿者，朱秋禹、张悠然、程康笛、曲诗霖、马丽嘉和徐质凝协助我们进行文稿的加工、整理、校对和图表制作。

最后，感谢北京师范大学出版社的领导以及编辑马洪立老师和韩妍老师为本书顺利出版的付出，使之最终能够呈现给广大读者，完成我们最大的心愿。在此，感谢所有在本书写作和出版的过程中支持我们的家人、同事和朋友们。

图书在版编目(CIP)数据

促进教育体系质量提升的投资与有效方案 / 池瑾，(美)魏爱德著. —北京：北京师范大学出版社，2019.6

ISBN 978-7-303-24221-4

Ⅰ. ①促… Ⅱ. ①池… ②魏… Ⅲ. ①教育体系—研究—中国 Ⅳ. ①G521.9

中国版本图书馆 CIP 数据核字(2018)第 231430 号

营销中心电话 010-58805072 58807651
北师大出版社高等教育与学术著作分社 http://xueda.bnup.com

CUJIN JIAOYU TIXI ZHILIANG TISHENG DE TOUZI YU YOUXIAO FANGAN

出版发行：北京师范大学出版社 www.bnup.com
北京市海淀区新街口外大街 19 号
邮政编码：100875

印　　刷：三河市兴达印务有限公司
经　　销：全国新华书店
开　　本：710 mm×1000 mm 1/16
印　　张：12.5
字　　数：182 千字
版　　次：2019 年 6 月第 1 版
印　　次：2019 年 6 月第 1 次印刷
定　　价：68.00 元

策划编辑：马洪立　　责任编辑：韩　妍
美术编辑：李向昕　　装帧设计：毛　淳　李向昕
责任校对：韩兆涛　　责任印制：马　洁